U0797457

青年志愿者之歌

日记 / 书信

共青团中央
中国作家协会 主编

语文出版社
·北京·

图书在版编目（CIP）数据

青年志愿者之歌. 日记　书信 / 共青团中央，中国作家协会主编. -- 北京 : 语文出版社，2020.12
ISBN 978-7-5187-1163-5

Ⅰ. ①青… Ⅱ. ①共… ②中… Ⅲ. ①日记－作品集－中国－当代②书信集－中国－当代 Ⅳ. ①I217.1

中国版本图书馆CIP数据核字(2020)第239697号

责任编辑　时玲玲
装帧设计　刘姗姗
出　　版　语文出版社
地　　址　北京市东城区朝阳门内南小街51号　100010
电子信箱　ywcbsywp@163.com
排　　版　河北新华第一印刷有限责任公司
印刷装订　北京市科星印刷有限责任公司
发　　行　语文出版社　新华书店经销
规　　格　787mm×1092mm
开　　本　1/16
印　　张　6.75
字　　数　83千字
版　　次　2020年12月第1版
印　　次　2020年12月第1次印刷
印　　数　1～1,000
定　　价　18.00元

010-65253954(咨询) 010-65251033(购书) 010-65250075(印装质量)

序

面向新时代的志愿文学事业是大有可为的

——“青年志愿者之歌”丛书序

2017年10月，共青团中央和中国作家协会联合发起了主题为“青春志愿行·共筑中国梦”的首届志愿文学征文活动。征文启事在《中国青年报》《文艺报》等纸质媒体和阅文集团等网络平台上甫一发布，应征作品即如春潮泛起，喷涌漫卷，持续不断。在短短的一年多时间里，以广大青年志愿者、青年文学爱好者为主体的投稿者，热情地寄出了3000余份稿件，体裁包括诗歌、散文、小说、报告文学、剧本、日记、书信等，其中不乏长篇小说、大型话剧、长诗等需投注较多心血、进行较复杂艺术劳动的作品。2018年11月23日，志愿文学专题研讨会暨志愿文学征文活动终评会召开，评委们在审读这些优选出来、已印成稿本的作品时，都很兴奋和感慨。兴奋的是志愿文学征文活动有了首批焕发着青春朝气和生活色泽的收获：这是从近些年来全国青年志愿者方兴未艾的志愿活动生活之海上采撷到的跳跃的浪花，它在阳光下反射着生活的、诗意的、感性的光辉，它在月色中呈露着银子一般莹洁温润的波光，让人感到清新、刚健的力的冲击。令人感慨的是，与一般的社会上的观潮者对“文学已在经济大潮冲击下进入退潮期”的普遍估量不同，青年志愿者和青年文学爱好者，怀惴着从事文学创作、追逐文学梦的极大的积极性。这种积极性，一经发现、动员、组织，获得适当的平台、窗口，应和了时代的契机，就会被触动、激发出来，以群体的合力，酝酿成一种文学氛围和文学精神，持续下去，就会慢慢地看到文学的晨曦和未来的曙色。大家都欣喜而自信地感觉到：志愿文学，尤其是青年志愿文学，是向着未来的文学，它是大有希望的！时任共青团中央书记处书记奇巴图在这次终评会上的讲话中提出的“不忘初心，牢记使命，在新时代奋力书写更加璀璨的志愿青春”的号召，既是对志愿文学征文活动的一次总结，也是对广大青年志愿文学关注者、写作者的一次新的召唤。前此的终评，即为新篇的序章。这中间就透露着志愿文学的诞生、发展、繁荣是一个可持续的文学过程的信息。

为了提升已经征集到的优秀志愿文学作品的质量，并将之传播到社会上去，主事者又组织了对这些作品的打磨、润饰、提升工作，并结集出版。对有些较成熟的剧本，还组织了二度创作，在舞台上呈现出来，在观众中产生了较好的反响。这也是2017年12月在成都举行的“志愿文学”论坛上已经达成的共识：志愿文学是对社会负有特殊职责、富于时代使命感的文学。它是广大青年志愿者通过自身审美力的锻炼和使用达到自我提升的一个途径。而真正的文学的创作、美的创作、灵魂的创作，是需要克服困难、不断探索、反复打磨，勇于把作品推向社会，经受读者的检验，得到大众文学生活试炼的！这也是这些作品终于结集出版的缘由。作为曾几次参与志愿文学作品征集、审阅和试评等工作的文学评论工作者，看到这些作品结集成书，我心中的欣悦是难以尽述的。

2013年，习近平总书记给华中农业大学“本禹志愿服务队”回信，肯定他们在服务他人、奉献社会中取得的成绩和进步，勉励他们弘扬志愿精神，为实现中华民族伟大复兴的中国梦做出更大贡献。从那以后，已经在社会上得到一定程度发展的志愿服务活动，提升到一个更加社会化、更重践行性的阶段，更注重精神境界的构建、文化内涵的培育。在志愿服务事业的发展过程中，习近平又多次对志愿活动予以关注，多次给各个领域、各条战线的基层践行者以鼓励，帮助他们总结经验，汇聚共识，渐渐形成有民族特色、国际视野、历史传承和现实观照的新时代中国特色志愿服务文化，也使志愿文学固有的“奉献、友爱、互助、进步”的志愿精神发扬光大。志愿文学也在广泛、多样、富有创造性的践行活动中提升了其精神文化品质。志愿文学的灵魂，更加清扬、丰润、厚实。最近，习近平在教育文化卫生体育领域专家代表座谈会上的讲话中谈到，即将开局的“十四五”时期，“我们要把文化建设放在全局工作的突出位置，切实抓紧抓好”。他指出，“文明是现代化国家的显著标志。要把提高社会文明程度作为建设社会主义文化强国的重大任务，坚持重在建设、以立为本，坚持久久为功、持之以恒，努力推动形成适应新时代要求的思想观念、精神面貌、文明风尚、行为规范”。在对这个文化建设的任务做精细化分析时，习近平又一次谈到志愿文化建设问题，“要深入推进公民道德建设、志愿服务建设、诚信社会建设、网络文明建设，不断提高人民道德水准和文明素养”。这就把志愿服务文化建设的精神性内涵和实践性品格清晰地勾勒出来了。就志愿服务文化的精神层面而言，它属于社会文明、公民道德建设范畴，是构建新时代中国特色社会主义伦理学的重要环节；就其可操作的物质构建层面而言，它的突出特征是以立为本，久久为功，要聚焦老问题和新挑战，拿出建设性的实招硬招，使服务文化建设制度化、风尚化。有的同志提出，志愿服务归根结底是一个实践行为。从“志愿服务建设”的提出和其被放到更加突出的位置来看，这样的看法也是不无道理的。看来，我们培育出来的志愿文学之花，也只有附丽在深植于厚土之中的文化制度的茂盛的乔木枝条上，才会有更加健旺的生机和更加瑰丽的光彩。让我们以坚实的建设者的步履，去扶植培育志愿文学的花树吧，让它迎来更加繁荣滋茂的春天！

最后，我想请大家一起欣赏这次志愿文学征文最早收到的比较好的应征作品之一——麦笛的小诗《昭觉土豆》。这是一首写得像珍珠一样晶莹圆润的小诗，它无意中成了广大在大地母亲怀抱里工作和成长的志愿者的绝妙的自画像：

这里的夜那么黑，那么厚
所以昭觉出产月亮
也出产土豆
大凉山是大土豆
小凉山是小土豆
更小的是
小学校里的阿依木呷

月亮哺育星辰，大路套小路
乌斯河连美姑河
每根藤蔓下都结满了土豆
每个土豆都朴实得让人心疼

嫁接进山来九个月了
志愿者周黎说，自己也变成了土豆
因为在川大读了研究生
所以才叫马铃薯

这是一首感情纯朴、语言凝练的抒情诗。纯净清越的诗的意象里，蕴含了一个叫周黎的志愿者的故事——几乎无事的故事。他到凉山彝族儿女生活的地方去参加支教（也许还兼扶贫）工作。九个月过去了，嫁接进山来的土豆蔓延到大小凉山每一条山川沟谷，每根土豆藤蔓下都结满了土豆，山在感觉中变成了大大小小的土豆。勾勾连连的河流、层层叠套的大路小路，都布满了土豆的踪迹；月亮和星辰看得像了土豆，小学校里那个叫阿依木呷的彝族小朋友也被疼爱成了最小的小土豆，而那个心里满贮着土豆，感觉"每个土豆都朴实得让人心疼"的志愿者周黎，被"嫁接"进了凉山后，因为心的变化，因为情的迁移，更因为爱的投注和牵挂，感觉"自己也变成了土豆"，变成了凉山山区里的土豆——昭觉土豆。于是在一个"那么黑，那么厚"的夜里，诗人浮想联翩，仰望夜空，感到自己变成的土豆飞升了，融入了月亮和星辰，终于在联想与想象中，大月亮浑然成了大土豆，小星星化成了小土豆……告别了这段志愿服务生活，在川大读了研究生的周黎，在诗的联想中猛然醒来，才发觉已经一度融入自己身心的亲昵朴实的土豆之名，它的理性的、确然的学名乃是马铃薯啊。这不无自我调侃意味的一觉，让人想到，昭觉土豆也好，别的什么地方什么作物也好，不过是一种诗的意象，它追求的普遍性，它达到的概括程度，不过是所有的大地之子走向社会、人生起步必经的一种试炼、必答的一份试卷罢了。志愿服务，是有大格局、有民胞物与情怀的志士仁人必上的人生一课！最朴实浑厚、散发着泥土气息的土豆形象，与最清纯莹洁、放射着盈盈清光的月亮倩影叠合在一起，构成了厚重与轻扬并存一体的诗的圆满意象；这是精湛诗艺沉吟推敲的结果，也是濡染于身、浸润于心的一种怀土恋山情愫偶一触发、豁然顿悟的记录。一幅志愿者的自画像就这样出现了，一面清扬挺立的志愿文化精神之旌就这样揭举起来了。于是，我们的志愿文学征文，就收获了它的一颗带着新世纪新时代的独特微光的小星。在稠密的诗的星空里，这颗小星也许微小得不被人觉察，但它还是会被轻轻地记录在广袤无垠的夜空上。

请原谅我用了如许散漫词费的文字，来解释写得如此清淡、如此端凝、如此俭省的一首小诗。我知道这样的解说可能是多余的，但它表达了我对志愿文学、志愿文学创作者的理解和祝愿，也反映出有着广阔未来的志愿文学建设正在切实进行。用它来为这篇写得比较理性、务实的序添加一个美的诗引，这也许会更宜于青年朋友们接受吧。

曾镇南

2020年10月25日—26日

于丹东中联国际酒店

目　录

日　记

书　信

日　记

致榕树下

沈杨根

8 月 10 日　星期日　阴转小雨

最早知道榕树下（国内成立较早的文学类网站）是在去年看到黎家明写的《最后的宣战》，最近接触榕树下是看到陆幼青写的《生命的留言》，他们以最朴素的方式记录了发生在平凡人身上的那些事情。那些事情正因为平凡而无须任何掩饰，也正因为真实才会如此震撼人心。

我也想通过实实在在的方式，记录发生在我身上的事情。我是一个极其普通而平凡的大学应届毕业生，有幸参加了由团中央和教育部发起的首届“大学生志愿服务西部计划”，成为六千名志愿者中的一员，前往四川省阿坝藏族羌族自治州的松潘县，进行为期一年的志愿者服务。

一年时间并不长，转眼间就过去了。但对我来说，这一年却是不同寻常的，这是我首次完全踏入社会，需要完成由学生向社会人的角色转换。到大西部去对我来说是一个极大的挑战，不同的民族习俗、不同的生活习惯、艰苦的条件，这些都需要我去面对与克服。但是，我认为这一年的志愿服务的经历对我的影响将是巨大且长久的，我坚信这是用一年不长的时间，做一件终生有意义的事。

正因为这些，我想以日记的方式记录这一年发生的点点滴滴，分享给更多的朋友。我希望我的记录是完全真实的，真实反映这期间的所见所闻，表达我的所想所感。

多少期待，多少梦想，从今天起都将实现。我坐在列车车厢的连接处，听着富有节奏的列车与铁轨声的撞击声，感受着晃动，独自一人开始写日记，记录特别的今天，因为我已踏上征程。

同学们或已入睡，或三五人小聚聊天，而我却不能入眠。回忆起今天早上学校的欢送会、下午浙江省志愿者的出征仪式，我头脑中闪现出离别的场景，列车窗外都是我最亲爱的同学——阿朱、老大、德德、峰哥、小莫、杨桂珍、毛俊超、周光明，还有跑到车站的姚雷与小云，我心中思绪万千，真的是非常感动。这让我想起上次王昌走时的场景，一个东北大汉会竟情不自禁地落下眼泪。离别之际显真情啊！

最近几天，离别的氛围越来越浓，也只有在即将离别之时，人才会流露出最真切的情感。周日，我忍不住拿着相机跑到西湖边，留下杭州最美丽的记忆。那天清晨时分，梦见父亲，与他拥抱离别，我泪流满面，醒来后想起对父亲、对家人的愧疚，我心如刀割。今天中午打电话与家人道别时，父亲说了很多，我可以感受到他心情沉重。我不知道放下电话后，他心里想的是什么，但我已哽咽得说不出话了。躺在床上，眼角又湿润了。

同行的人中还有不少女生，她们特别坚强。谁都有牵挂与思念，或许此时有些同学正盖住被子失声痛哭，但因为理想与追求，我们都选择了西部，踏上了同一趟列车。希望在西部的一两年，能够创造属于我们的精彩。真心期待明年踏上列车回杭时，问心无愧地说："我没有虚度这一年，我是有收获的！"

青春，在戈壁滩上成长

陈红泼

8月5日 星期五 晴

塔里木河静静的流水把月亮洗得格外明净。草丛中的蟋蟀将夜色的宁静编成一种音符相互传唱，我如同一个夜的局外人，夹杂在月光与草影中。

我临时的住所就在塔里木河畔的阿拉尔医院。夜晚，那隐约的流水声总让我久久难以入眠。我时常怀疑此时的自己身在何处。皓月，流水，林苑，柔柔秋风……这种种风景岂是我想象中的颜色?

那剑一般刺向明月的白杨树触动了我的神经，我真的不敢相信此刻我脚下的这块土地曾是荒芜了千年的戈壁……

很多时候，仅要一点感动就已足够了！这一瞬间的感动就像失去了节制一样疯长起来，溢出我的脑海，折磨我的思绪，令我毫无睡意。我犹如穿越了那一道诡异的时空屏障，恍若与来世的灵肉结合。在这月光下，在塔克拉玛干沙漠的边缘享受起绿色的味道。

是的，绿色的、令人震撼的味道……

这是一座在戈壁滩上成长起来的城市，也是一座标志着几代人开荒造林的丰碑。五十年前，有一群人来到新疆，来到塔里木。他们穿着军装，为了民族和平而来。来的时候，他们正值青春年华。然而，他们一来就再也不曾离开。在祖国需要他们的时候，他们脱下军装，把人生的根扎在了这沙漠与戈壁滩上。脱下军装的他们不再是军人，但他们身上有着军人的钢铁意志，铮铮军魂又将一个新的名字烙在历史的功劳簿上——兵团人！

这里的一草一木无不写着他们光荣而伟大的名字。五十年了，不敢想象当年那些曾参加过抗日战争、抗美援朝的英雄战士又是怎样在这片土地上发扬艰苦奋斗、勇于开拓的革命精神的！他们放下枪，拿起镐，用开汽车、坦克的手，开拖拉机，开荒种地，修水电站，挖水渠……再看看今天的这里，绿洲已伸向了沙漠的腹地。这期间发生了多少感人的故事啊，有多少年轻的生命和永远的回忆啊……

今天，作为一名大学生青年志愿者，我来到了塔里木。“西部大开发”的时代洪流让更多有志向的人走进了西部，来到了边疆。五十年来，在党的号召下，数以万计的青年知识分子，从全国各地汇聚在这里，把自己的一生献给了这片土地。在许许多多先辈们流血流汗的地方，我的青春也将接受庄严又神圣的洗礼。

我工作的单位是农一师的阿拉尔医院。来到这里，已半月有余。每每夜深人静时，我都会在医院的甬道上走走看看。病房楼里明亮的灯光照在夜色中盛开的黄菊上，整个医院显得那样安静。值夜班的大夫们还在一遍又一遍地巡视病房，房间里偶尔也会传来一阵笑声，或许是病人和医生在开玩笑吧……这个时候最容易让人思考一些东西，关于生死、悲欢离合的故事都会在这里被浓缩，让人一目了然。

我想起了白天来看病的两位老知青。他们早早地离开了家乡，在这里生活了已有四十多年了吧。他们苍老的身子略微有些颤抖，但目光却依然是那样有神。他们是真正的拓荒人，是这绿色的真正缔造者。与我同科室的李大夫在这个医院干了大半辈子，谈起医院这几十年的变化来，他也是热泪盈眶。五十年了，农一师阿拉尔医院是医生们用把脉、开药、拿手术刀的手一砖一瓦建起来的。当你看到今天这现代化的门诊大楼的时候，不会想到当年他们是在多么简陋的土房子里为病人排除病痛的。当你看到今天这风景如林苑的医院环境的时候，你不会想到这里曾是荒凉的盐碱地……当年那些医生们赶着马车，迎着严寒，带着干硬的口粮，他们出去挖草根当柴烧的日子已经远去了。那曾经青春的面孔在岁月中苍老了，但在我看来却依然是那样的美丽……几代人在医院领导的带领下，在艰苦的环境中为这里的百姓提供了最好的医疗服务，他们没有怨言，没有苛求，把热血洒在了这里，把青春奉献在了这里。我作为一名年轻的志愿者，怎能不在这片历史厚重的土地上好好汲取营养呢？向老一辈的建设者学习，在这戈壁滩上经历风霜！

夜已很深了，我要回那小屋子去了。

恰在此时，从病房楼里传来一声婴儿的啼哭声，一个新的生命降临了。

对于我来说，我看到的是新的征程的开始。我多么希望更多有理想的朋友来到这里，和我一起去感受这份心灵的感动，去追求，去奋斗……

入乡随俗的第一课

——学方言

吕晓宇

10月12日　星期三　晴

在基层法院工作，常常要和老百姓接触。他们大多文化程度不高，不会说普通话，交流起来很困难。因此，在最短的时间内适应我所在的云南省文山州砚山县的方言，成了我入乡随俗的第一课。

为了尽快适应这里的语言环境，我让办公室的工作人员都和我说当地话。一有庭审，我就去旁听。我还抓住每个机会用十分“洋泾浜”的砚山话和别人交流。久而久之，也琢磨出了点儿名堂。砚山话风格硬朗，铿锵有力，语调多以降调为主，有点类似于北方话。其中，使用频率最高、应用范围最广且颇具方言特色的就是“干”这个字，如干块肉、干口水、干篇文章，等等。现在志愿者们之间也经常会“干”上几句半生不熟的砚山话：“走，一起干饭去！”

经过两个月的庭审旁听与日常生活的耳濡目染，我自认为在语言上已经过关了，没想到第一次做书记员就碰到了尴尬事。案件的当事人是一位苗族老乡，他的砚山话不仅说得快而且语调极怪，我听得云里雾里，顿时傻了眼，庭审结束时，紧张得手心里都是汗。后来我才知道，砚山话还分普通砚山话、苗族砚山话和壮族砚山话，看来真的是学无止境呀！

宁蒗战河乡中学的第一天

冯　艾

9 月 13 日　星期六　雨

来之前就知道云南的天气分为旱季和雨季，现在总算体会到了，天刚晴了没两天，就又开始下雨。一下雨，路不好走是小事，关键是空气冷而且很潮湿。真希望早点儿天晴。

今天我们算是上岗了。一大早，6：50闹钟就响了，又赖了会儿床，7：05，起床！因为下雨，学生没有出早操。我几乎连水都没喝就冲向了教室，第一次早读怎能迟到？

第一节课就开始上正课。我用了整整四十五分钟给学生讲学习方法、学习思路，上完课才想起自己连自我介绍都没做，难怪有的学生下了课还问我姓什么呢。第一节课的重点之一就是朗读课文，我带着孩子们一句句地读。孩子们响亮的读书声让我想起了《我的父亲母亲》中在乡村小学教书的“父亲”和那群孩子。一天里上了四节语文课，还有四（1）班和四（3）班的音乐课。几个班比较起来，我还是喜欢四（2）班，不知道是因为我教他们的是语文，还是因为他们确实比其他班的孩子乖，也许两方面都有吧。

还是说说我的音乐课吧。我还真挺佩服自己的，居然还知道那么多音乐知识，连我自己都没有想到。给第一个班上课的时候，我用了大半节课做自我介绍，介绍上海、北京、西安，连上海的外滩、情人墙都讲到了。然后又讲了一些乐理知识，比如什么是音乐，它包含哪几大类，音乐本身又属于艺术，等等。到了第二个班，我几乎没有做自我介绍，整整讲了一节课的乐理知识，学生们不知道是因为这是我上的第一节课，还是因为他们确实对我讲的内容很感兴趣，都抬着头睁着大大的眼睛看着我。这节课讲得比较系统，明显比上节课讲得好多了，不过课下想想还是有些内容没有讲到，给下个班级讲的时候可以再增加些内容。

由此可见，人的潜力真是可以挖掘的。很多知识是很久以前学的，我以为自己已经忘了，现在居然渐渐地都想起来了。不过，这只是第一节课，以后怎么办呢？还是要想办法找点儿内容。对了，可以问问县城里的学校怎么上音乐课，说不定有教材呢。实在没有办法，不知道讲什么，我就把电脑搬到教室，反正里面有一百多首歌呢，放给他们听吧。本来他们就特别喜欢流行音乐，再看到这个连很多老师都没有见过的笔记本电脑，他们肯定很兴奋。过不了多久，这里就会通电话了，到时候能上网就方便了。

今天晚上，学校开了新学期的第一次全校教职工大会。校长、书记讲完话也让我讲几句，虽说我被任命为副校长，但也没什么具体分管的工作，让我管我也管不了，但这个头衔是个姿态，表明教育局、学校重视我们这些支教队员。而我能做什么呢？我呀，还是和以前一样，反正我本来就不是一个会摆架子的人，还是知道自己有几斤几两的。会开到差不多的时候，妈妈给我来了电话，还提醒我这一点呢。说到电话，自打我换了本地卡，妈妈就经常给我打电话，真是可怜天下父母心。如果没有妈妈的支持，我真不知道怎么过。11月6日是妈妈六十岁的生日，可我却不能为她做任何事，每当想到这一点我就觉得非常内疚。唉，今后我一定要好好孝敬爸爸妈妈。

你看，说着说着就跑题了，接着说教职工大会。会上，校长读了一份教育局的文件，其中提到了末位淘汰制，每个学校一年下来，期末考试排名最后的教师将遭到淘汰，淘汰率为4%。现在学校有三十七名教师，据说10月份还会回来两名，4%就是两名教师，真够吓人的。具体的淘汰方法就是县城的教师被淘汰到乡下中学，乡下中学的教师淘汰到乡中心小学，乡中心小学的教师只有淘汰到离家远的村小之类的。我跟薛林说，我反正一年就走了，他和王子和还要干两年，别明年被淘汰到小学去了，说到这儿我们都笑了。在这个学校教书，学生多，课程多，压力大，所以我越来越能够体会到这些老师的辛苦了！

今天的两顿饭我都是蹭的，中午饭是和唐老鸭、阿杜、小付他们一起吃的。唐老鸭是他们的大厨，看他切土豆的架势就知道他经常做饭，是个高手，而且做得味道确实不错。本来想晚饭一定要回来吃，因为还要上晚课，就想着开完教师会再吃。5点多的时候就跑到了男老师那边去玩儿，未曾想走到钱老师他们的房间就被叫进去一起吃饭。他们做了炒猪肝、煮豆子等，我就不客气地又蹭了一顿，饭菜很好吃。看，我现在成了蹭饭大王了。

我们的家

——记在宁蒗翠玉乡中学的日子

陈璐茜

8月31日　星期二　阴

家徒四壁

四面白墙，两张木床，一张木桌，一个木沙发，一个摇摇欲坠的木凳子，一张小矮几。没有电，没有灯，没有窗帘，没有锁。二十多平方米的砖瓦房看起来空空荡荡，唯一显眼的，便是我们千里迢迢从上海搬过来的七只大皮箱。

傍晚5点多，我们吃了在翠玉的第一顿饭——用大脸盆盛得满满的坨坨肉，另有一脸盆的“冷盆”——凉拌黄瓜。校长话很少，教导主任一直给我们夹肉，他说这是彝族招待客人的最高礼节，而客人作为对主人的尊敬，必须吃下十块以上的坨坨肉。望着每块拳头那么大的坨坨肉，我和王婷既无奈又觉新鲜。面对生平第一顿如此豪放的晚餐，我们能做的只有冒着发胖的危险，吃啊，吃啊，吃啊，直到牙痛，直到膨胀的肚皮几乎把皮带撑断。

9月4日　星期六　晴

白手起家

战友兼室友忽然兴奋地对我说："我们也来学三毛，白手起家吧！"

先铺床，那是无论到哪里都离不了的东西。我们先在下面垫上《南方周末》（一个月后，在这资讯不发达的乡村中学，我们突然发觉将《南方周末》睡在身下是件多么奢侈的事，于是又把揉得皱巴巴的报纸拿出来，像品味佳肴一样逐字逐句地咀嚼起来），然后铺上褥子，展开床单，给被子套上被套。拿把榔头叮叮当当地在墙上敲上几枚钉子，挂上蚊帐。室友的床上用品大多是在县城买的，完工后，她不停地抱怨颜色太土。而我的整套用品都是进复旦时的旧被套，室友望着这熟悉的画面，禁不住抱怨毕业时手太快，把被子、被套全扔了。

学校给我们拉了电，装了两个灯泡，我和室友下山"采购"。

"采购"的地点是乡里唯一的集市，当地人称为"街子"。除了学校，这里有翠玉乡唯一的柏油路。从街子的这一头走到那一头用不了五分钟。街子的两边是各种各样的杂货铺，店门基本上是朱漆的大铁门，里面的货物却颇为凌乱。杂货铺里大多一排货架，一个柜台，店主们或站在柜台后，或在街上溜达。各色货物塞满了店里每一个可以放置物品的角落。我感觉好像进入了反映中国二十世纪三四十年代乡镇居民生活的电影画面中。

我与战友踏进小店，目光如炬，耳听八方，嘴也不闲着，或找或问，忙着寻找我们的急需品。在当地人的帮助下，我们终于凑合着买到了必需品或是替代品。

这里没有屏风，我们就买了条素色的被套，从中间剪开，在房里挂了一根绳子，挂上被套，俨然起到了屏风的作用。我们把沙发、茶几、皮箱搬到外屋，屏风内自然就成了我们的“卧室”，而外面，就是我们接待客人的“客厅”。街上没有卖窗帘的，我们又嫌桌布太贵，罩在凸凹不平的桌子上过于浪费，于是选择了红白蓝相间的蛇皮袋，既当桌布又当窗帘，经济实惠。窗帘是手动的，我们将蛇皮袋一端钉在窗框上，每天早晨就把帘子卷起来，在两边用夹子夹住。想来也别有一番情趣。这里的人容易得风湿关节炎等病，像我们这样每天举臂两三次，无异于做肩部运动，一举两得。

稍加整理后，我们的家已初具规模。皮箱被当作衣橱、书橱和食品柜，简直成了万能箱，不仅防虫，还防潮。

这就是我们在翠玉的家。

初到宁蒗翠玉乡中学

王　婷

9月1日　星期一　晴

今天是来到翠玉中学的第二天。一大早就听到窗外人声鼎沸，同屋的Lucy告诉我，学生报到，老师开会。我好奇心起，想着待会儿起床一探究竟，却在不到半分钟的时间内又呼呼睡去。自从进入云贵高原以来，我就一直提不起精神。连日来的腹泻、食欲不振，加之旅途奔波，已将我的精气神吸走大半。

再醒来时，已近10点。高原的空气异常清新。我如村姑般端着脸盆来到水龙头旁洗漱，满足一下回归原始的虚荣心，很是自我陶醉。陶醉完毕，开始端详起这个我将要工作和生活一年的地方。

学校坐落在半山腰上，四周群山环抱，站在操场上望去，眼前分明就是一幅巨型山水画。云雾缭绕，木屋星罗棋布。这不正是我梦寐以求的意境吗？可当我这个浪漫主义者长途跋涉来到这里时，为什么突然对眼前的美景失去了感觉？生活即是生活，当你真正生活于其中时，当你温饱尚不知如何解决时，再美的景致也成了虚设。

这里有一新一旧两幢二层的教学楼，因为是翠玉乡唯一的中心学校，教学设施比想象中的要好很多，还有二十台教师集资买的电脑。这让我不由得想起山下的很多墙上粉刷的一句话："治贫先治愚，扶贫先扶智。"不知这样的观念到底深入了多少当地人的心中。

"丁零零……"古老而熟悉的铃声，似乎从远古时代传来。

当我钟爱了一夏的夹趾凉鞋在昨晚的山路上支离破碎时，我便知道，我的支教生活正式开始了。

9月2日　星期二　阴转晴

在这样的环境中，人真的很容易触摸到幸福。

从山下翠玉的"南京路"（翠玉乡唯一的一条"商业街"，全长大概一百米，两分钟即可从头走到尾）上淘来简陋的暖水瓶、锅碗瓢盆之类，再加上裁裁剪剪、洗洗涮涮麻袋做的窗帘，有种说不出的成就感。"土就一个字，脏就一个字……"同屋边洗窗帘边篡改歌词。之后，坐在大盆里重温了一遍儿时的沐浴，她更是兴奋异常："我在马路边捡到一分钱……"遗忘多年的儿歌，也从她的大脑深处一一冒了出来。

物质生活的匮乏是可以慢慢适应的，精神上的孤单却百般折磨人。虽说初来乍到，可我已深有体会。周围是一群操着方言的老师和学生，方言还好，最怕的是他们口中蹦出一串让我们只字不懂的话。翠玉是普米族傈僳族自治乡，这两个民族人数所占比重很大。除此之外，彝族人、藏族人、摩梭人也不少，他们都有自己的语言，彼此见面都用本族话交流。很多当地人虽只字不识，却通晓多种语言，语言能力令人咋舌。除了同来的Lucy，我暂无人可交流。如果只身一人来此，我丝毫不怀疑自己会疯掉。

于是，我开始到处发消息骚扰人："别忘了给我寄点儿精神食粮啊，我是困在大山里了。"与外界联系、与现代文明交流成了我最大的渴望。举目仰望云雾缭绕的山峰，我知道，没有车马，凭我这副四体不勤的身躯是永远不可能走出这里的。山路十八弯，从一个乡到另一个乡都十分困难，地图上小小的一段距离到了现实中却成了千山万水的阻隔。

附：与同学的短信记录

李子壳：你晒黑了吗？那边厕所条件到底怎么样？……我现在全是问号了。

我：脏就一个字，就不具体形容恶心你了。我在的乡有11个少数民族，普米族、傈僳族、彝族为主。这里校长都穿迷彩的。当地人最多的娱乐就是"吹牛"（聊天）。

有来有去（大学室友）：亲爱的二妹，你已经睡下了吧？我刚刚半夜笙歌回来，想着明早起来就要新冒出来的几个痘痘，我就心里发毛。都市生活也不比你有聊几多啊！遥祝好梦！（凌晨4：09）

我：山里现在正狂风大作，蛮冷的，有些寒意了。"一年四季同穿戴"看来在山中不太适合，倒是"一山分四季，十里不同天"说得好。我带初一英语、地理和音乐，搞笑吧？这里狂缺音乐老师，我就滥竽充数了。

阿蒙：你带音乐？教他们儿歌吧！

我：人家孩子都喜欢阿杜、周杰伦，你还儿歌呢！

荷兰猪（某卫生院志愿者）：第一堂课感觉怎么样，总结一下吧？

我：最初想不就是群小毛孩儿嘛，但上台后那么多双眼睛盯着你，还是有点儿紧张。不过同伴说看不出来，台风挺好的。呵呵，真兴奋。这里的孩子声音特棒，据说都是平时山上山下的喊出来的。

又：虽然脏了点儿，但我觉得他们看起来都很有灵气，比城里孩子纯朴、懂事。他们望着我时很热切，而我不知能给他们什么，又能给多少。如果走不出大山，他们注定要与他们的父辈一样终日劳作。

To爸爸：我在的乡据说是当地物产最丰富的一个，气候也好，冬天不太冷，唯一不好的就是交通不便，山路崎岖，去趟县城至少要三个小时。

又：我正式上课有段时间了。现在都是自己在做饭，因为没有经验，每顿饭要烧两个小时，效率很低，不过我想很快就能适应了。

有来有去：收到报纸没有？《上海壹周》，寄去很久了。

我：没，这里太闭塞了，要15天到20天才能到吧。也寄给我点儿境界高的啊，《南方周末》之类的，《人民日报》也行啊！

有来有去：噢，你现在开始知道高境界了？！不小资了？！呵呵，好的。你都把感想记下来，不能忘，不准撕，偶尔也给我寄点儿啊，让我也提高提高觉悟。

子真：你的学生会上网吗？

我：当然不会了。有二十台电脑，老师们凑钱买的，但不常用，也不能上网，整天锁着，因为许多电脑被学生弄坏了。今年开始开电脑课，但上机时间很少，多属形式吧，很多人开关机都不会。不过，学校把电脑当宝贝似的，毕竟对他们而言电脑太贵重了，也难怪。

名字轶事三则

乔　智

11月11日　星期五　晴

一

学生：老师，你是不是教英语的？

我：不是啊，你为什么觉得我像英语老师呢？

学生：因为你叫乔智啊。

我：……

二

学生：乔老师，你的zhì是哪个zhì？

我：智慧的智。

学生（失望脸）：啊！没有乔治好听。

我：……

三

学生：乔老师，我看你特亲切、特熟悉。

我（暗自开心）：为什么这么说？

学生：因为见到你就想到佩奇了呀！

我：……

批改作业

陈希宁

10月15日　星期六　晴

今天是我成为一名三年级语文老师的第50天。在大学都常常赖床的我，竟然渐渐习惯了现在每天早睡早起的生活，习惯了每天7点多内蒙古的寒风，也忘记了夜晚北京城的热闹。上课，备课，改作业，似乎变成了我生活的全部。

每个小朋友都是宝藏，他们简单而又天真的思维方式，常常给我惊喜，常常让我觉得“原来世界应该是这个样子的”，也常常让我哭笑不得。

小孩子只要听到“上课”两个字，就会下意识地说“起立，老师好”。甚至有一次，我在生气的时候说了一句“还能不能好好上课”，全班齐刷刷地站起来给我问了个好，于是我特别尴尬地被气笑了。

昨天，班上有个小孩上课讲话被我叫了起来。我让她用“只要……就……”造句，她瞪大眼睛看着我说：“只要我讲话，就会被老师发现。”于是我又一次被小朋友的天真打败了。

当然给我更多快乐的，是他们的作业。这次的作文题目是《猜猜他是谁》，但有个小朋友写的是《大家猪猪他是谁》。为了凑到120个字，他拼命地努力。

内内发光？！——我怀疑是超人在写作业。

刚讲过《卖火柴的小女孩》，课下的作业是编写童话，可他们……我发誓我再也不让他们参考课文了。

我问了一个学生，为什么提心吊胆，他把自己昨天作文没写完的事情供了出来。

说到这里顺带提一嘴，来这边之后，收获了东北话十级技能，再也不是那个东北话半拉柯基的我了！

好了，继续改作业了。

明亮的眼睛

屠 佳

9月16日 星期六 晴

忙碌了一整天，又到了夜深人静的时刻，我把台灯扭出一缕橘黄的灯光，在日记本上撒下斑斑驳驳的感叹。

这是我第一次真正意义上的下乡。从小生长在城市中的我，生活在丰衣足食的“鱼米之乡”，家庭环境优厚，身为家中的独女，从未感受过贫穷的苦难，也从来不曾想过在社会的某一个角落有人会为着区区200元的学费面临人生的困境，东拼西凑而不得，甚至为此辍学。今天我见到了，见到了我原以为只可能在电视、电影上出现的一幕。那一双双明亮的眼睛萦绕在我心头，犹如“希望工程”的海报上苏明娟的那对透彻清亮而无奈的双眸，让我震撼而心疼。

清晨8：00，我们研究生支教团与上降中学的老师联系后，就踏上了探访贫困生的路途。经历近一个小时的颠簸后，我们到达了目的地。上降中学坐落在广西壮族自治区崇左市龙州县西北角，这是一个边远小镇。校舍简陋但很整洁，据说这是用好不容易争取到的边境大会战时的资助款修建的。校长黄星热情地接待了我们，把我们迎进了他的办公室。与其说这是办公室还不如说是一个简易的房子，窄小而闷热。除了一张桌子和几把椅子，其他的什么都没有。校长说他们学校从来都没有用过电风扇，因为没钱购买，更不用说那些电脑、电话等办公设备了。说起成绩优秀而家庭贫困的学生，校长和教导主任都惋惜地摇头。学杂费一减再减，但仍然有学生因拿不出137元的书杂费而被迫辍学。在我们的强烈要求下，教导主任带我们走访了三户品学兼优的学生的家庭，他们至今未凑齐这学期的学费。

尽管我们每个人都有了一定的心理准备，但进屋后仍被眼前的景象惊呆了。那是怎样的一个家啊，几根烂木头撑起几块带着窟窿的油布，这便成了天花板，房椽上结着蜘蛛网，房间的角落里放着许多装米谷的斗篷，却几乎是空的。房内光线漆黑，地面上长满了青苔，而此时室外正是艳阳高照。屋里也没有什么像样的家具，唯一还看得过去的是一张历史悠久的红漆大床，还有一张供着财神爷的桌子，可这尊掌管天下财政的神物却一点儿都没有把福气带给这贫困的家庭。学生陆莎莉有些胆怯地坐在床边，她用清澈的眼睛看着我们，她的奶奶此时正倚着门猫着腰拔那叫不出名字的野菜。见来了这么多人，还有学校的老师校长陪同，老人崇敬地望着我们，搬来小板凳让我们坐下。

和奶奶一起生活的女孩子虽然才14岁，却经历了各种不幸。她的父亲因为赌博败光了整个家，她的母亲改嫁了。现在父亲去了广州打工，好几年没回来了，也很少寄钱回家，把女儿扔给了年迈的爷爷奶奶，却从不过问。老人们没有固定的经济收入，身体不好，为省钱忍着不去医院看病，生活异常艰难。陆莎莉在家就帮爷爷奶奶干农活，瘦弱的她经常一个人拿着比她高出一头的锄头到离家2公里外的田里去种甘蔗。由于土地质量差，每年的收成都不好，可这贫瘠的田地却捏着三个倔强的老少的命运。陆莎莉说，甜甜的甘蔗是他们唯一可以挣钱的作物。可是这过程和结果都是那么地让人感到心痛和苦涩。学校的老师告诉我，陆莎莉是个很懂事的孩子，中考的那三天正好是收甘蔗的日子，她每天早上考完试就冒着烈日走四十多分钟的路回家到田里干活，下午再满头大汗地小跑着回学校考试，尽管如此，她仍以全校第二的成绩考进了中学。

这时，不少同村的小朋友听说有老师来看陆莎莉，他们都赤着脚跑了过来，挤在门口，用好奇的大眼睛打量着我们这群陌生人。简单的攀谈后我发现，他们中有很多是刚读完九年义务教育的学生，因为家里没钱无法继续读书，只能留在这个贫苦的小山村干农活了。当我们问及他们长大后想做什么时，他们清脆地回答："我想去山的那一头看看。"走出大山，多么简单的愿望，在他们的身上却成了一代又一代延续着的无法实现的梦想……

在回来的路上，汽车"突突突"地费力地爬过一个又一个山头，冒着浓浓的黑烟，无尽地诉说着贫穷和不幸。137元就这样难倒了一群天真无邪、渴望知识的孩子。我第一次意识到原来一百多元钱可以不只是一件衣服的价格，可以不只是一双皮鞋的单价，可以不只是一顿可口的饭菜，它更意味着一个贫穷的学生一个学期的希望，一个美好梦想实现的起点。

同一片蓝天下，同样的年龄，城市里的孩子享受着高档的游戏机带来的乐趣，享受着肯德基、麦当劳的美味，享受着父母对他们的无比疼爱，但乡下的孩子却早已挑起了生活的重担，失去了许多本该属于他们这个年龄的东西，甚至失去了继续读书的权利，这是怎样的一种反差啊！

回来之后我便萌生了资助一个贫困生的想法，这个想法很快就得到了我母亲的同意，同时我也想到了我的同学、我的老师、我的朋友，我想发动所有的力量帮助这些贫困的学生。当朋友们听了我的诉说后，都毫不犹豫地支持：“帮我选个品学兼优的学生，算上我的一份！”

我的笔已经不由自主地在日记本上留下了许多墨渍，但我想说的还有很多很多，想做的还有很多很多……

“小王老师”是我听过的最美好的称呼

王嘉星

4月2日　星期日　晴

我的爷爷是一名乡村教师，自从我记事起，村里的人们都亲切地称呼他为“王老师”。教师这条路他走了四十年，从俊朗少年到古稀之年，从书生意气到两鬓斑白。受爷爷的影响，我也曾希望有朝一日成为一名教师。

大四那年，看到“西部计划”招募支教老师的通知时，正准备考研的我突然萌生念想：为何不选择支教，去体验一下自己未曾实现的教师梦？

我向学校递交了申请，通过了层层选拔。随后，我顺利成为西安建筑科技大学研究生支教团的一员。2018年9月，我奔赴陕西省汉中市洋县龙亭村龙亭中学，开始了为期一年的支教生活。

还记得那天第一次走进教室，40双眼睛齐刷刷地望向我，虽然提前做了充分的准备，但我仍然有些紧张。“同学们，你们好，我姓王，以后可以叫我王老师。从现在起，我就是七（2）班的班主任兼英文老师，希望在今后的相处中，我们能共同进步、共同成长……”

下课后，孩子们瞬间包围了我。“老师，你好漂亮呀！”“老师，你家在哪里？”“老师，你能告诉我们大学是什么样子吗？”“老师，大学里有图书馆吗？”……看着他们稚嫩朴实的脸庞，我第一次体会到了教师这份职业的神圣。

几天后的一个星期一，小A同学害羞地把一个布袋子塞进我手里。“老师，这是给你的，你一个人离开家来到这里，一定很孤单，以后可以多去我家玩。”还没等我回过神来，他已经头也不回地跑掉了。我打开袋子，里面竟装满了许多小小的猕猴桃。事后才知道那是小A从山里给我摘的，为此我感动了很久。

从那之后，孩子们总会给我惊喜：手工叠制的菠萝笔筒、一根小小的棒棒糖、几粒自家炒的南瓜子、几颗小小的桂圆，还有自家打的月饼……这些东西都像蜜一样甜进了我心里。因为我知道，孩子们给予我的不仅是一颗颗美好的童心，更是对我的信任与爱戴。

我们班大多数孩子是留守儿童，他们的父母远在广州、深圳等地打工，家中只有爷爷奶奶，但他们都十分懂事，懂事得让人心疼。

一次，在班里探讨如何与亲人相处时，我得知班里小M同学的弟弟患有先天性疾病。父母带着她弟弟远赴湖南，边打工边赚钱给弟弟看病。因此他们很少有机会陪在小M身边。听小M说完这些，我心里有种说不出的滋味，我未曾想这样一个活泼可爱的小女孩竟有如此坚强的内心。在那之后，小M经常跟我分享快乐：“老师，我弟弟现在已经能扶着墙走了，好开心啊。”每当她笑的时候，仿佛全身都发着光，我看到的不仅仅是一个瘦弱的初一女孩，更是一个坚强的女儿、一个善良的姐姐。

如今，孩子们已经跟我成了无话不谈的好朋友，我也很荣幸地被评为教学成绩优胜教师。时光飞逝，转眼已四月，我不敢想象分别的场景，因为每次想到，泪水便湿了眼眶……

如果你问我选择支教是否后悔，我只想说：“小王老师”是我听过的最美好的称呼，选择支教是我人生中最正确的决定。

来自北林的信

侯佳仪

11 月 12 日　星期一　晴

自从和北京林业大学的志愿者建立书信交流以后，孩子们最常提及的话题就是信。

孩子们第一次收到信的样子还历历在目，整个楼道都回荡着他们兴奋的叫喊声。可能因为有些孩子没有参加此次活动，所以参加活动的孩子们格外自豪，又有些许紧张。

收到信后，台下传来一阵一阵的“哇”声。

“哇，这个姐姐给我写了三张纸呢！”

“哇，这个哥哥给我送了明信片！”

“哇，这个姐姐画的画好漂亮！”

“哇，这个哥哥居然知道我是男是女……”

各种“哇”声层出不穷，热闹如新年。

下课时一个“小可怜”跑到我身边，说：“老师，老师，为什么别人的信都写了那么长，我的信只有一点点？”这个小男生“委屈”地哭诉，那样子真是让你哭笑不得。

孩子们的世界就是这么简单，希望你们能在纷繁的世界里永远葆有一份童真。

为“空中校园”搭建通往梦想的桥

吴晗鑫

12月16日 星期六 阴

在来桂林龙胜各族自治县之前，我就对这里充满了想象。一想到支教，孩子们跋涉十几里山路去上学的画面就会跳到我的眼前，孩子们天真可爱的笑脸就会浮现在我的脑海里，总觉得自己也要去这样一个连手机信号都不通的山沟里带着一群天使去完成一个梦。

事实上，这里的确是交通不便，有“九山半水半分田”之称。但县城内基础设施完备，“麻雀虽小，五脏俱全”，商场、超市、奶茶店、饭馆、地摊、电影院，样样齐全，跟人们印象中那种穷困山区的景象大相径庭。

让我惊讶的是，我去支教的这所初中，是全县仅有的两所初中之一，接收了十个乡镇一半的初中生。由于学校建校时间不长，整个校园显得格外新：塑胶的跑道、连体的教学楼、配备了完整电教装备的教室。这一度让我觉得比家乡的高中还要“豪华”。因为这所学校修建在山上，是整个县里的最“高”学府，甚至整个操场都是架空的，跑步时周边有云雾缭绕，算得上是真正的“空中校园”。

学校硬件设施虽然好，但教师资源等“软件”就显得相对薄弱了。教师人手明显不足，经常有一个老师兼任几个科目的情况出现。我也不例外，要教一个班的物理、两个班的生物。当我满怀期待打算认认真真上好第一节课的时候，才发现学生根本没有想象中那样欢迎新老师。一上课就有个男生给我来了个下马威，他坐在最后一排用极其洪亮又有些挑衅的声音喊道：“老师，你到我们班来上课是不是有压力？”

课堂上学生吵闹起来根本不把我放在眼里。在他们看来，我这个个子矮小、穿着学生气的老师简直跟他们没什么区别，根本不像个老师嘛！每次走在教学楼里，我几乎没有收到过“老师好”的问候，甚至有一次在操场上被一个学生问是初几的。

得不到学生的尊重让我大为苦恼。我只好收起原来对这群“天使”的幻想，打算改变上课的方式。我开始试着怒声呵斥他们，或者直接点名讲话的学生，尽量让课堂显得不那么松散随意。

让我没想到的是，学生却只是换了种方式“摸鱼”。他们在纸上画画、玩手工小盆栽、看言情小说，甚至在本子上记“正”字。起初我并不知道“正”字代表什么意思，在我的重重逼问下，一个女生才说出实情——那是她在记录我上课的时候说了多少个“啊”字。这实在让我哭笑不得，既生气又觉得他们有些可爱。

教物理，无可避免地要面对考试的压力。尽管这个班的孩子成绩在年级里已经垫底（班上总分第一名的学生数学成绩是52分），但我仍然希望并相信他们能取得更好的成绩。我时常想办法让自己的课听起来有趣，讲声速的时候我就让自己成为“声波”在教室里来回“反射”；讲力的作用效果时，就跟他们一起PK开关教室的门；讲重力的时候，花一节课时间给他们讲刘慈欣《流浪地球》的故事。但是仍然摆脱不了要讲枯燥的试卷，调皮的学生终究受不了这样的枯燥，冲突就这样被引发了。

那天晚自习，我正在讲非常关键的一道试题。最后一排有个女生一直在说话，她蹲在凳子上手舞足蹈，兴起时甚至跨越到教室的另一头传递打火机。在多次警告无效后，我终于忍无可忍地大声点了她的名。让我万万没有想到的是，她竟然摆出一副无所畏惧的姿态，当着全班同学的面摔了文具盒，然后噘着嘴扭过头去，脸上写满了青春期里的桀骜不驯。

我愣了两秒钟，完全没有料到学生竟然反过来给老师脸色。我怒不可遏，但只能提高音量来维护老师的权威：“点你们的名字是老师在乎你们，你们不想被点的话，我就再也不点了！这节课也不上了！”然后拿着书浑身发抖地离开了教室。

回到办公室，气还没消，就有两个女生过来敲门，不一会儿，又来了好多人，把门口都挤满了。有个班干部对我说：“老师，你别生她的气，能回去上课吗？”

这时候我再也不好意思继续绷着脸了，只能故作严肃地说：“告诉她以后这样的事不能再发生了！”

没想到改变发生在后面。有天晚上，我刚从教工饭堂出来就碰上了这群孩子，她们大声喊“吴老师好”，还特意加强了语气。我发现上次那个女生也在，正纳闷儿呢，她们一下子上前围住了我。

“吴老师我们等你好久哦。”

“你们在这守着等我干吗？”

“那个，那个，她有话想跟你说。”一个女生指着另外一个说。

“老师，我希望你下次上课也要多提醒我，如果开小差了就点我的名。”

“有这态度还算不错。你，你还有你，都要多发言，要不然老师连名字都记不得的！”我半开玩笑地说。

没想到她们却较起真儿来了，一定要我当场叫出她们的名字。我想敷衍过去，因为我的确经常把一些同学的名字搞混。“我呢，吴老师我的名字是啥？”在一阵嘈杂声中，我只好狼狈地把她们的名字全部喊了一遍，脸上虽然满是尴尬，心里却高兴得发甜——这群学生还算是有点儿上进心。

从那天起，我才真正记住了全班同学的名字。

熟识了以后，课堂上便少了开始的那种攻防战的感觉。只要看到上课不认真的，我都会不留情面地点名。如果实在遇到刹不住的情况，我就使出“这课不上了”的杀手锏，通常这样的威胁足以让学生收敛。

在我频繁的点名“轰炸”下，也难免出现误判。除了口头的“申冤”，还有学生在交上来的练习册上用铅笔写下歪歪扭扭的字“老师我真的没有抄答案”。我觉得既好笑又感动，更多的则是欣慰，能够对学习上心已经是他们莫大的进步了。不过，我还是故弄玄虚地给他们画了只“加油鸭”，暗示还要继续努力。

在这样的监督下，学生们终于有了进步，期中考试成绩竟然拿到了平行班里的第一名。这让我又惊又喜。我表扬了这些学生，说：“如果你们好好学，将来就能走到山外，看外面更大的世界！”学生们很兴奋。

对于这群在“空中校园”里学习的孩子们来说，也许我的价值就在于给孩子们在空中搭一架梦想的桥，帮他们穿云过雾通往山外的世界。

愿时光慢些走，我想再多看孩子们几眼

李永生

5月8日　星期三　雨

“三尺讲台谈天下，一支粉笔写春秋。”从黄沙飞扬的八月，再到绿树成荫的六月，转眼间，在新疆维吾尔自治区和田地区一年的支教生活已接近尾声。在浩瀚无垠的塔克拉玛干沙漠南沿支教的我，故事不少，感慨良多。

“同学们，这位是来自新疆医科大学研究生支教团的李老师，以后就是你们的数学老师了，让我们用热烈的掌声欢迎李老师。”2018年8月6日的早晨，在四年级班主任米尔尼沙老师的介绍下，我与这55个小朋友相识了。

我笑着对这些小朋友说：“你们好，我是新疆医科大学研究生支教团的老师，我的名字叫李永生，请问你们叫什么呢？”话音刚落，就听到他们叽里咕噜、“机关枪”似的回答，“老师，我叫谢姆斯努尔”“我叫阿不地米提”“我叫阿布杜瓦哈普”……最后我一个名字也没记住，顿感茫然。米老师说他们的名字不是很好记，以后认识了，就好记了。我心想记住学生的名字是做好教学工作的第一步。于是，每天早上我都会拿着花名册认认真真比

对。对于实在难以记住的名字，我就写到一张纸上，拍下照片，下班后在宿舍里再多看几遍。功夫不负有心人，我终于记下了所有孩子的名字。后来听米老师说，每个孩子的名字都有寓意，有的是漂亮的花，也有的是表示祝福，还有的是纪念英雄人物。

每次遇到学生们，他们都用一双水汪汪的大眼睛好奇地上下打量着我，想要做恶作剧，但又因不熟而显得有几分腼腆。“老师老师，你多大了啊？你有孩子吗？”“老师，我哥哥二十三岁都有两个小孩了。”老师，你老家哪的啊？”“安徽在哪呀？是什么样子的？”……一下课，他们便围着我询问，想要了解关于我的一切，初为人师的我被孩子们天真的话语弄得啼笑皆非。

这里的孩子们从出生开始，就很少有机会接触到外面五彩斑斓的世界。他们会因为吃一块面包而开心不已。一块面包好几个孩子追着吃，还舔舔小嘴，这对他们来说是多大的欢乐啊！这里的孩子没有不健康的虚胖，吃饭更不会挑食。自家院里的葡萄、香甜的杏干、红红的大枣，孩子们吃得可香啦！他们小手中每天都有杏干。“老师给你杏子吃。”每当我接过小朋友给的杏干、葡萄、红枣之后，孩子们就开心地转身跑开了。可能那就是孩子对老师最大的认可。每次给孩子们拍照时，他们从不惧镜头，这也许就是他们对未知世界充满爱意的表达方式，简单又直接。

“老师，这是我从家里带来的，请你杏子吃。”2018年8月15日早上，一见到我，谢伊代高兴地捧着一把杏子交到我手上。听着孩子不太标准并且倒装的普通话，我嘴里说着“谢谢”，但心里却有一种说不出的感动。我感受到了孩子们的热情、天真。与最初的陌生相比，他们已渐渐成为我在这里的亲人。在我的心底有一个声音告诉我：要尽最大的能力用爱、真诚、耐心，去筑造他们可爱的梦。

在支教工作中，我是四年级的数学兼五年级科学的老师。横跨两个年级、两门课程对我来说是有难度的，但我愉快地接受了这个挑战！相对一年级的孩子来说，四、五年级的学生少了一分天真，多了一分敏感；少了一分稚气，多了一分理性。面对这样一群孩子，我选择用贴近生活的事例和发人深省的语言去贯彻科学课的核心内容。我深知数学课对于学生的重要性，我会用热情和信念去陪伴这些孩子度过他们人生的“拔节孕穗期”。

支教并不是一帆风顺的。在四年级班里有个调皮鬼，叫阿不力克木。提到这个顽皮出了名的小家伙，不但是我，就连校长都头痛不已。为了“驯服”这个小捣蛋鬼，我尝试了“怀柔”战术：多鼓励他做擅长的事；一旦他做对题目要及时表扬；让他帮忙做一些力所能及的事，做完后在课堂上表扬他……赞美的力量真的很神奇，虽然有时他依然调皮，但每到看纪录片《辉煌中国》的时候，他就会自觉变身为班里的纪律委员，让身边的小伙伴们乖乖坐好，不要说话。那时我明白了，我要做的是引导孩子，而不是单纯地帮助和照顾。

这里的孩子大多羞于表达，可是也会在我推开教室门的时候欢呼雀跃，会在我提问的时候高高地举起手，会在我下课以后围着我问问题，会悄悄地说：“李老师好像一本百科全书！”我越发明白了老师对学生的爱是如何地不求回报，更加感叹学生对老师的爱是多么地热烈坦荡！师生之间那种完全的信任和爱让这个夏天充满生机和力量。

对我而言，和田不仅仅是我支教的地方，更是我播撒青春的热土。而现在，我却只有一个小小的愿望，愿时光慢些走，我想再多看孩子们几眼。

现实与梦想之间只有一首歌的距离

罗昱伟

4 月 20 日　星期六　阴转雨

时光飞逝，距离支教结束只剩下100天了。回想起这段支教岁月，我的内心久久无法平静，感触良多。2018年的8月，我们（长安大学第二十届研究生支教团成员）一行五人刚刚来到陕西留坝县城，隔着旅馆的窗户，望着外面触手可及的层层大山，第一次体会到什么叫作山中小城。我们一边感慨着这座秦岭深处小城的不易，一边想象着未来的支教生活。第二天一早，我被接到了服务地——玉皇庙，开始了这一年令人终生怀念的支教岁月。

在收拾宿舍时，墙角里突然窜出的大蜘蛛，让我做了一夜的噩梦；朴素的饭菜少了大学食堂的美味，甚至让我产生了厌食的感受；山里潮湿的环境，让我的皮肤起了很多疹子。生活的不适让我深感疲惫，但是工作的不顺，更让我迷茫与不安。作为班主任，班里的卫生、纪律总是让我忙得晕头转向；作为英语老师，第一单元的英语考试平均分刚刚到及格线，这让我深感不安与自责。来到服务学校前，我以为已做好成为山区教师的准备，但是那段时间里，我开始怀疑自己。

后来的日子里，我努力让自己适应这里的工作和生活：白天挤时间去听其他老师的课，教学上碰到问题，积极向有经验的老教师请教；晚上在办公室反复地研究教材，认真撰写第二天的教案。几乎每天都是早上6点出宿舍，晚上11点才回来。每晚身心俱疲地躺在床上，脑海里总是浮现出孩子们一张张可爱的笑脸，正是这群小天使让我重新打起精神，去期待第二天的开始。

令人欣慰的是，在经历短暂的迷茫之后，一连串的好成绩，让我深深感受到作为一名老师的光荣。期中考试班里的英语成绩全县排名第二。秋季运动会上，孩子们奋力拼搏，拿下了许许多多的奖项，获得了中龄段团体第二名的好成绩。孩子们的进步得到了家长们和同事们的一致认可，我为自己成为一名支教老师而深感自豪。

我还清晰地记得第一次家访建档立卡贫困学生小A时的情景。他的家里除了有一个冬季烤火的炉子，可以说是家徒四壁。当我掏出给他的小玩具时，他兴奋地跳了起来，立马在手中摆弄了起来。看着他开心的笑容，我欣慰地摸了摸他的头。孩子的奶奶告诉我，孩子的父母离婚了。他的母亲离开家，再也没回来过，他的父亲外出打工，一年才回一趟家。孩子奶奶最大的愿望就是希望孩子考上大学，去城市里生活。这一刻，我才知道什么叫作留守儿童，从孩子奶奶的眼神中，我才明白支教这件事意义之大，责任之重。多一分努力，他们就多一分踏出这座大山的可能。

在学校日常教学之余，我们积极投身脱贫攻坚战场。在学校里，我们定点结对帮扶贫困学生，开展家访慰问，为孩子进行针对性辅导，填补留守儿童没有父母辅导的空白；在冬日里，我们开展“点亮微心愿，青春助扶贫”圆梦微心愿活动，筹集了近万元的物资，为孩子们送上了一份份关怀和温暖。但是“扶贫扶智”是一条漫长的路，我希望在剩下的支教岁月中依然能担负起这份重任，就算回到学校，也要发动更多的社会力量，坚持下去，因为我知道还有孩子需要我。

以前在大学里，我特别爱唱歌，曾登上过长安大学歌手大赛的舞台。记得在玉皇庙运动会上，校长要求我们每个班表演一个节目。于是，我开始给孩子们找音乐，教他们唱歌。在教授的过程中，我惊喜地发现，他们对音乐有着不同寻常的热爱，一句较长的歌词两三遍就能牢牢地记下来。在运动会的开幕式上，我们班的表演大获成功。孩子们的脸上洋溢着开心的笑容，走过身边时常能听到他们哼唱歌曲。

这次活动给了我很大的启发，我觉得要用歌唱来改进自己的教学方式。在教学过程中可以将要背的单词配上旋律教给同学们，结果发现真的很有效果！一首，两首，三首，他们都记住了，学得牢固也学得开心。除此之外，我还教他们学唱周杰伦的《蜗牛》和汪峰的《飞得更高》。我想通过歌曲告诉他们，我们就是一群蜗牛，只有努力向前才能爬得更高，虽然我们爬得慢，但只要坚持，一定能拥有不一样的明天。追逐梦想，引吭高歌，我带着他们把梦想唱出来，把知识唱进心中。因为我相信大山与城市、现实与梦想之间只有一首歌的距离。

拥有握得住的幸福

赵玉存

6月18日　星期二　晴

2018年7月，我背上行囊，踏上征程，来到了祖国的西北边陲，来到了美丽的新疆生产建设兵团第二师八一中学。自此我正式地成了一名高中英语教师。

转眼间，服务期就要满了，犹记得学生希望我可以教到他们高考结束。亲爱的弟弟妹妹啊，我也不想和你们说再见。

寒假过得太快，夏天的脚步伴着焉耆县的第一场风沙悄然到来了。我生日那一天，收到了学生一封封的“情书”。

“初次见面，她在黑板上霸气地写上自己的名字，连黑板都颤了颤，接着她不紧不慢地讲了英语课的一些纪律……”

“后来跟她接触了一段时间才发现，原来强大的气场下却有一颗少女心。可能是年龄相仿的缘故，她很快就能跟我们打成一片，每天的英语课，是我们一天中最快乐的时光！不仅是因为英语课上提神醒脑的MV，更重要的是，她帮助我们迈过了英语学习道路上的一道道坎！”

“我从来没见过像她这样认真负责的美女老师，深深地被她迷上了，她才是我心目中真正意义上的‘女神’。她教会了我很多，不仅是学习知识，更多的是关于待人处事的。我真的非常非常喜欢她。希望时间慢慢走，让她能陪伴我久一点，再久一点。”

……

亲爱的孩子们，哪怕和你们相处的时间只剩一天，我也想和你们，在蓝天下，在草地上，一起聊聊天，说说话，可以开心大笑……回想你们说的暖心的话，我觉得自己在遥远的新疆也有了握得住的幸福。

英语课前，学生小高跑到我的办公室，偷偷地对我说：“老师，你怎么还不去教室，快跟我来。”说完他便拉着我急匆匆地往教室赶。我心想，离上课还有五分钟的时间呢，难道班里发生了什么大事。就在快到教室的时候，我发现有两个小脑袋悄悄地探出来。学生着急的样子使我对自己的猜测深信不疑。但是，当推开教室门，我发现班里的孩子们都乖乖地坐着，并没有什么大事发生。就在我满脸疑惑时，我的课代表小白突然站起来，一本正经地说：“亲爱的赵老师，今天我们要为您唱一首歌，遇见您就是我们的——小幸运！”“我听见雨滴落在青青草地，我听见远方下课钟声响起……”一曲终了，我站在讲台边上，看着底下五十张年轻的面孔，望着他们含着笑意的眼睛，时间仿佛就在这一刻停止了。

与你们相遇，好幸运！

记得歌曲《岁月神偷》里有这样一句歌词：“岁月是一场有去无回的旅行，好的坏的都是风景。”

而你们带给我的都是好的风景。

因为支教，我的人生比别人多了一年

唐家银

6月26日　星期三　阴

这学期每周一次的全体教师会，还剩下三次没开，今晚得知，全县期末考试提前了。看来，一年的支教工作要提前结束了。

“老师，你马上就要走了，如果让你留下来，你会留在这里吗？”学生突然发问，我一时语塞，支支吾吾道：“你们想啥呢！”

山里山下，自己经常沉迷在静谧的星光灯火下。前两日，作为一名留守教师，我很幸运地度过了一个人的端午节。山区的夜很长，巴掌大的学校和望不尽的山，可怜巴巴的水龙头滴出一桶“板蓝根”般的水，将就着用吧。晚上把门反锁，检查好几遍破了洞的窗户是否业已锁好，奢侈地开着小台灯，赶紧蒙头入睡。

飞蛾想挤进屋子，在窗户上扑腾得啪啪作响。无法入睡的我脑子里晃来晃去的都是孩子们，高的、矮的、可爱的，还有令人烦闷的。啊，对了，其中还有好多是独自在家的孩子。

我记得，我走过木桥，爬上山坡，躲过恶狗，我真真切切地去过他们的家。泥土房子，一间卧室、一间厨房和一间大厅，大厅采光很好（右上角有一个天然窟窿）。这是学生凯迪的家。他和母亲住在一起。家访后，凯迪告诉我，要不是来家访，他可能吃不到腊肉。听了他的话，我不知所措。当初主动申请师生结对帮扶的是我，现在感到无能为力的也是我。

“眼皮贴近草皮”，你才能看到最真实的基层。我走过好多家庭。离异、贫穷、山区、年迈、留守和年幼，一个个词语扎在心中，让我在家访路上寸步难行。但我只是一个听故事的人，每当家访归来时，太阳都刚好跑到了山的另一边，卸掉一天的疲劳，赶紧睡吧。

一天一大早就有学生敲门：“老师，起来了，快起来了！”我不知道发生了什么事，迷糊地回应几句又睡蒙了。醒来后，在窗台上看到一包鱼腥草。洗得干干净净的鱼腥草，乖巧地躺在红色袋子里，散发出淡淡的泥土香。嗯，这就是被学生宠溺的感觉。前两天课间的时候，一个羞涩的小男孩跑过来，硬塞给我一个口香糖：“老师，给你。”我推辞以后，学生害羞得不知道怎么办，我赶紧收下，小心地呵护他的童真。

一天家访，我看到一个小女孩手上戴着编织的手链。

“你的手链真好看，自己做的吗？”

“是呀！”

“真好看，你能给老师一个吗？”

“不可以！”她调皮地说道。我假作嗔怒，轻拍了她的头。

晚些时候，她把一根新手链塞给了我。

原来，我好像不只是一个听故事的人了。支教的岁月里，我不是钢铁侠能够拯救世界，也不是灭霸可以打遍全宇宙。我只是路人甲，但我很认真地走进了孩子们的童年。

我经历过支教的难，看到了冬天学生冻得开裂的双手，他们却毫无察觉；看到夏天蚊虫和学生一起读书学习。也把一个想逃学的问题孩子，从围墙上拉回教室；也听过一个小女孩坐在石凳上说："老师，我饿！"原因是家里农忙，没有吃早饭。我也听到这个小女孩说："风儿，你是个讨厌鬼，快走开！"原来她的画儿，被风调皮地吹跑了。

我都快忘了，我一直在很认真地陪孩子们走过童年呀。我爱玩儿，曾和他们一起放风筝，一起爬山；停电的晚上，我陪他们一起唱歌。他们想看珠海航展，飞天英雄空军大校就来了；他们喜欢画画儿，石头画专家韩老师也来了；他们想看书，来自全国各地的一千多本书来了。他们爱问，问西工大，问山外的世界；他们爱学，要跟我学数理化。年年岁岁寒来暑往，岁岁年年春花秋月。一年的时间很短，我真的要离开他们了。

曾几何时，我早就不是一个过客了。我拨动了孩子们的心弦，我在他们的生命中起舞。有一天，我批评了一个没有写作业的小朋友，她哭着说："老师，我帮妈妈做活儿，我做不完作业。"我很慌，我急迫地想让她学习成长，却忘了夸她是个勤劳的好宝宝。

他们，让我的一生，多了整整一年。

一年的时间很短，我只能很抱歉地说：离别的时候，请把眼泪憋回去。他们让我成长，我在未来等他们长大！

支教让我明白有种感情叫“兵团情”

吴泽本

7月2日　星期二　晴

一年前，我们满怀信仰，为了同一个梦想踏上远离故乡的列车，为了那句“到西部去，到基层去，到祖国最需要的地方去”的誓言，邂逅在祖国的大西北。为了追求，选择西部；因为缘分，不期而遇。

六十多年前，来自五湖四海的十多万官兵在这片西北大地上开始了屯垦戍边的生涯，在2000多公里的边境线上筑起了一道不可逾越的国防屏障。在那个激情燃烧的年代，这些兵团人挖通了水渠，开垦了荒地，建立了工厂，盖起了楼房，平息了分裂分子的叛乱，击溃了外国势力的入侵……一寸山河一寸血，十万青年十万军。这些老兵是共和国的新长城！

来到兵团，我努力地想象着，一个人守着一群羊，在这渺无人烟的边境上一住就是几十年是一种什么样的感觉；“放牧就是巡逻，种地就是站岗”，这是一种什么样的精神。我渐渐觉察到，服务兵团从某种意义上来讲，仅仅是沿着无数先烈的足迹往前走而已，只不过现在需要我做的是在原来的基础上再往前探索走一段。这一段路多长并不重要，重要的是能有添砖加瓦的作用。

岗前培训时，有位老师曾经说过：“作为兵团人，就要有一个兵的样子，就要对得起这个‘兵’字。”这让我对“兵团”二字有了更深刻的理解。就这样，我参加了民兵训练，加入了巡逻队、护校队，维稳值班，民兵巡逻，甚至还奔赴兵团党员廉政教育基地，参与了为期十五天的民兵执勤任务。也就是在那时候，我多了一个“兵”的身份。

前几天，各高校研究生支教团团长点亮地图的照片刷遍了朋友圈。从1999年第一届22所高校到如今187所高校，志愿者遍布祖国西部各地，我们有幸见证了中国青年志愿者扶贫接力计划研究生支教团项目的成长。第一次听到就让我热泪盈眶的一句话是“祖国需要处，皆是我故乡”。

出征仪式上，我曾经表示过希望自己可以成为一个“被需要”的人。参加研究生支教团，给了我这样一个机会。在服务地所在的学校，我们是当地人眼中的“高才生”，所以我们是全能的，可以去教授任何一个科目。从二年级数学到七年级生物，再到七年级英语，最后又到七年级生物，我可以很自豪地说，不管代什么课都好，因为我喜欢那一双双渴望知识的眼睛。孩子们遇到生活、思想方面的问题，也会主动来找我解决，这让我真实感受到了什么是“被需要”。因为人尽其才，我找到了自己的价值。

有一种生活，你没有经历过，就不知其中的艰辛；有一种艰辛，你没有体会过，就不知其中的快乐；有一种快乐，你没有拥有过，就不知其中的纯粹。一年的时间太短，短到还没来得及拥抱每个人就要面对分别；一年的时间太长，长到足够令我此生都能回想和牵挂。

当我的教学任务有调整时，之前班级的学生悄悄给我留言“老师你快回来吧，我保证认真听讲”，这让我明白了有一种感情叫“师生情”；师市第十次团代会筹备期间，连续十几天熬夜加班并肩战斗，这让我明白了有一种感情叫“战友情”；初来满腔热情，离开依依不舍，“热爱祖国、无私奉献、艰苦创业、开拓进取”的兵团精神永存我心，这让我明白了有一种感情叫“兵团情”。

我不会忘记自己最开始选择支教时的那份初心、那份真诚和感动；我更不会忘记，我是一名中国青年志愿者，以志愿的名义，奉献无悔的青春。

时间的列车很快，分别的日子也越来越近。青春注定是一场拼搏的旅行，远行的青年唯有背上行囊，继续奔向梦想的前方。我愿满载这一年的收获、勇气与责任，一路前行，追梦无悔！

孩子们，离别之际请不要说再见

姚程远

7 月 27 日　星期六　阴

这一年有太多美好的瞬间，在离别之际竟不知该如何说起。仿佛昨天才和伙伴们背起行囊来到新疆，眨眼间，就要和这里说再见了。

还记得最初得知来支教时的喜悦，只觉得埋藏在心里很久很久的愿望即将实现。大四那一年，我是在期待中度过的，每天都在想象着在讲台上挥斥方遒，想象着和孩子们亲密无间。

然而，当确定是到职业学校支教时，我的内心是忐忑不安的。八月的五家渠，校园里一片蛙声，空气里弥漫着荷花的清香。我在空荡荡的校园里独自散步，也在独自思考，究竟该如何度过这一年，如何面对我想象中的调皮孩子。我想，既然来到这个支教点，就要过得有意义。我开始搜集关于中职学生的故事和信息。慢慢地，我发现，陪伴和帮助这群“问题学生”也许有更加重要的作用。就这样，我开始变得充满期待，期待快点开学，见到未来的学生们。

新学期伊始，我和学校的广播站开始了一段缘分。广播站是由之前支教的学长学姐建立起来的。我想这份工作便是我们交大人责任与情感的接力，我要将广播站的工作开展得更好。我根据实际情况明确了广播站运行的职责，并指导小播音员们撰写稿件和开展播音工作，同时协助他们设计节目，每天定时录制和播放新闻稿。每周四的晚自习，我都召集小播音员们见面开会，我们一起过生日，一起分享美食，一起“喧慌”（新疆话中的聊天）。小小的广播站成了我和孩子们在学校的一个港湾，看到他们，我就会安心和快乐。

当然，站在讲台上授课是我这一年来感到最有成就的事。每当我情绪低落或是身体疲惫时，只要上一节课，看到孩子们的目光，整个人都会变得亢奋起来。

记得上第一节课前，我以为没有人会认真听课，内心不免紧张，惴惴不安地设计了一节前言课。当走进教室，我发现学生们非常外向，整个课堂的气氛特别活跃，我很快就对上课充满了动力。我把职业生涯规划课定位为理想课和科普课。为了让他们听讲，我开始学着做一个会讲故事的人，并寻找最新、最火的事例来讲述。每当这个时候，孩子们都会抬起头，睁大眼睛认真听讲。我在课上尝试着用辩论、讨论等形式，激励他们积极参与发言，给他们创造了一些一起参与、体验的机会。我真诚地希望，通过课堂教学来影响、改变他们的学习态度，帮助他们树立积极的人生理想。

职业学校的教学工作比较轻松，我想利用课外时间开辟第二课堂，教授给孩子们更多的内容。根据孩子们的需求，下班后我为班里的南疆学生教授汉语。

除此之外，我在下半学期还担任了烹饪20（2）班的班主任。起初我以为班主任的工作是爱与陪伴类的工作，但学生们用实际行动给我上了一课。不要那么天真！上网吧，失联……班里发生的事情让我每天都徘徊在崩溃的边缘。原来，想在职业学校当一个负责任的班主任是多么不易啊！于是，我开始走近他们，抓住每一个机会和他们聊天。孩子们有的给我讲述成长的故事，有的卸下心理包袱对着我崩溃大哭。我这才发现，这些“小霸王”们，都有自己的软肋。所以，用爱和包容去教育、去陪伴，比什么都重要。当然，和他们在一起也让我体会到了别样的温暖：孩子们有了好吃的会叫我去品尝，每次干重活他们都抢在我的前面，每天围着我叽叽喳喳地分享班级的趣事……

马上就要离开这些孩子们了，还真有点儿舍不得。

一年的时间太短。不知道我与这些孩子的相处，能否给他们的未来带来一点点不同。

孩子们，离别之际请不要说再见！

愿夏天晚一点儿来

陈　熙

3月15日　星期三　晴

时光就像掌心握不住的流沙。转眼间，我的支教生活随着孩子们的中考一起进入了百天倒计时。昨天还是三尺讲台上不知所措的年轻老师，今天的校园里却总能听到一声声悦耳的“陈老师好”。半年多的时间，我和孩子们一起长大。在今年开学的第一堂课上，无论在哪一个班我都会先说这样一句话：“这个学期，我要和大家和平共处，希望我们能够愉快地度过这一个学期。”说这句话的时候，我的内心是五味杂陈的，而孩子们听着却不以为意。可能只是单纯地认为陈老师这个学期会对他们更好。

和我预想的一样，由于驻村老师的回归，刚开学教务主任就和我说：“陈老师，上个学期的教学任务太重了，这个学期给你减了一个班，只用教两个班的英语就好了。”（上个学期我担任两个班的英语老师和一个班的语文老师，是全校任课最多的老师，也是全校唯一一个跨两门主科的老师）这样也好，我可以把全部心思放在教英语课上，争取能够把两个班的英语成绩提高一些，毕竟我还兼任校行政办公室干事一职。只是不知道七年级七班（上个学期我是该班的语文老师）的孩子们会不会听新老师的话，会不会喜欢新老师呢。想到这里，我心中还是有无限的伤感和失落。上完了新学期第一个上午的课正准备休息的时候，一阵急促的敲门声传来，我打开门，发现原来是七班的班长和另外几个同学。“老师，您为什么不教我们了？我们班学生都很喜欢您，希望您能够回来继续担任我们班的语文老师。”被孩子们这么一说，我的眼睛酸酸的，“不论是哪个老师教你们，你们都要听老师的话，好好学习，老师不是不愿意教你们，老师要服从教务处的安排。”“那我们去找教务处，把您要回来。”句句话戳中心坎，句句话让我心酸。我郑重其事地告诉孩子们要学会随遇而安，在学习的过程中尽量不要受外界因素的干扰，我以为这个“剧本”会就此告一段落。然而经过几番波折后，陈老师顺利地回归到了七年级七班。当我再一次推门走进七班的时候，一双双渴望的眼睛望着我，全班齐刷刷地响起了掌声。彼时的我内心暗流涌动，我尽情地释放着自己的坚强，镇定地开始了新学期的第一堂语文课。

今天，已经学完了安徒生的《丑小鸭》。授完课之后，我和大家说：“我们每一个人内心深处都会住着一只丑小鸭，每个人都会有自卑的时候，每个人都会有不如意的时候，但是人生的路很长很长，我们要像丑小鸭一样对美有热烈的向往并且去不断地追求，而且要始终保持一颗善良的心，终将会像丑小鸭一样变成白天鹅的。”在教语文的过程中，最有意思的就是去不断地给大家渗透一些做人做事的道理，知识固然重要，但对于处在青春叛逆期的孩子们来说如何更好地成人成才更重要。我希望能把孩子们初中的语文基础筑得牢固，更希望能把孩子们品行德行的根基扎得坚实。

之前在上课时，我给孩子们听了电影《城南旧事》中的插曲《送别》。“长亭外，古道边，芳草碧连天……”孩子们欢快地听着，却丝毫感受不到陈老师脸上微微的伤感。今天，一个学生问道：“陈老师，你的生日是什么时候？”“7月14号……那个时候你们可能要放假了……”也许孩子们想在我生日的时候给我一个惊喜，但那时也是我们分别的时候了。“问君此去几时来，来时莫徘徊！天之涯，地之角，知交半零落。人生难得是欢聚，唯有别离多……”

山南的春风并不温柔，但多么希望一直这么吹着，夏天晚一点儿再来。

再回苗乡更能体会到支教的成就感

李晋旭

6 月 16 日　星期日　晴

今天距离2019年中考还有一周的时间，我带着祝福与牵挂，回到了那个熟悉的地方——贵州省台江县第二中学。这里有我一段支教的故事，有我一份支教的情怀，更有我牵挂着的学生们。

“一天一月一起一年，像不像永远。我们在同一个屋檐下，写着属于我们未来的诗篇。”回忆支教的这一年，我与孩子们相互陪伴，共同成长进步。一堂堂课，一份份作业，一次次家访，无不凝聚着我们的真情。奋斗是青春最亮丽的底色。这一年，我将最美的青春时光留在了苗乡，而这段时光也因为有了孩子们的陪伴，才成为我最美的青春。再回苗乡，学校教学楼和宿舍翻新了，孩子们长高了、成熟了，褪去了往日的稚嫩，我便更有成就感，体会到了收获的幸福和喜悦。

我曾无数次想象与孩子们再次相遇的场景，当真正和孩子们在苗乡重逢时，我才发现兑现这份回校的承诺便是最好的礼物。在苗乡，我陪孩子们初中毕业，孩子们陪我提前硕士毕业。一个眼神，一句叮咛，一声鼓励，我们能做的也许并不多，但对这些孩子来说，他们觉得格外珍贵。

和我一样，研究生支教团的伙伴们都在兑现这份承诺，他们先后回到服务学校为孩子们加油鼓劲。台江县第二中学党支部书记、校长张贵生表示，东林研究生支教团往届成员从东林赶到台江，为中考学子加油，用承诺与爱心诠释了真正的支教情。

今年是东林研究生支教团来到台江县支教的第五年。在东林，这样的志愿者还有很多，他们奋斗在脱贫攻坚一线，凝聚东林智慧，熔铸东林精神，为服务地带去知识和力量。东林研究生支教团已经成为东林志愿者群体中一道亮丽的风景。支教故事在继续，支教力量在传递，支教情怀在延续。“心向阳光，努力成长”是我在中考留言墙上写下的祝福，同时也是对自己的期待。我相信支教经历会激励每一名志愿者在之后的学习生活中坚定前行，这份支教力量会激励更多青年人投入到志愿服务工作中去。

“我们无法支配再见的具体时刻，但我们可以积攒足够多美好的回忆。这些回忆可以让我们在未来更加阳光坚定、乐观自信。我想我很值得，做你们的陪伴者。我想我很快乐，做你们的陪伴者。让我们继续努力成长，我在未来等你们。”离开服务地时我在朋友圈这样写道。

留下什么？带走什么？

李文茹

8月21日　星期三　晴

初识远方的孩子，是通过《美丽中国》的“梦想导师”项目。第一次视频通话，看到3000公里外，云南省临沧市大寨中学里一个个小小的身影，朴实而纯真。每周一个电话的维系，从制订学习计划到疏导学习压力，从讲解学习问题到进行学习竞赛，随着时间的推移，孩子们慢慢敞开了心扉。

大学四年，我的志愿服务累计时长超过一千五百个小时，平均每天都有一个小时在志愿服务中度过。留校担任辅导员后，身份转变，但志愿心、公益梦不变。今年暑假，我再次成为志愿者，与二十名支教队员前往贵州六盘水普古乡舍烹小学进行为期半个月的支教活动。

初探凉都，我们不是一个人在战斗

辗转到达六盘水时已近黄昏，等待我们的还有80公里的盘山路。本已准备收工的师傅得知我们是暑期来舍烹小学支教的老师，决定再送我们一程。虽然一路说说笑笑，但第一次走“不是当地人不敢开”的山路，我们其实已经紧张得心都提到嗓子眼儿了，手心里湿湿的全是汗。

到了学校，校长在校门口高兴地迎接我们。他说：“去年支教结束之后，娃娃们就盼着大家今年来！”校长为我们准备了全新的被褥，定期帮我们采购食材，食堂的阿姨每天还要从家里赶过来给我们煮饭。全村都知道南开大学的支教队来了，走在村里的小路上，来往的叔叔阿姨都热心地指路。

学校不大，不多的几间教室、几面宣传墙，黑板上还有上学期老师开班会留下的笔迹，一笔一画，铿锵有力。宿舍没有插座，队员们每天都在办公室里写教案。夜半，我坐在院子的台阶上，享受了一把信号满格的快感，除了虫鸣，安安静静的，什么声音都没有。

定制课程，想带给孩子们更多

我们的暑期学校一共有45个孩子，最大的14岁，最小的只有两岁半，90%以上的孩子是留守儿童。第一堂课，孩子们腼腆而敏感，他们瞪着圆溜溜的大眼睛，红着脸不肯说话。

这里的孩子们需要的，不单单是学习能力的提升和学习习惯的培养，更是温暖的亲情和陪伴。我们想带给孩子们的，不是“刮风式”的闪电温暖，而是播撒下爱国的种子，种下良好学习习惯的禾苗。传统的文化课程在短期支教中并不能发挥太大作用，团队成员使出浑身解数，大家各显身手，聚焦激发孩子们的学习兴趣，开设剪纸课、美术课、校史课和安全课等拓展性课程。同时，举办运动会、文艺会演和升旗仪式也是大家共同的心愿。

坚持家访，我们这样登顶微信步数排行榜

孩子们对支教老师的喜爱和好奇是藏不住的，每堂课上板板正正的坐姿，即使在楼道中遇见也会九十度鞠躬。暑期学校是走读，距离学校最远的学生，回家要走一个小时的山路。每天下午三点半校内课程结束之后，支教老师们开始分组送孩子们回家，路上再加一节植物课或地理课并进行家访。因为往返要爬坡，往返路程有时会超过两个小时。

夏季的六盘水，每天下午4点到6点，山路上的降水率几乎为100%。所幸雨下大时，孩子们也基本都到家了，支教老师们的鞋子，却从来没有干过。队员们详细做好家访记录，为明年实践队的支教活动打好基础。

留下希望，带走感动

短期支教是否有益，是每年都会争论的话题。留下什么？带走什么？也是此次暑期支教我一直在思考的问题。想到站在讲台上的每个队员眼里的温暖，想到微机课上孩子们眼里的惊讶，想到升旗仪式上所有人眼里的坚定，我想我已经找到了答案。

我们支教的目的，绝不是帮助孩子树立当工程师的理想，而是通过鼓

励、通过朋辈陪伴，渐渐让他们明白，当一名工程师不再是一个遥远的梦想，而是一个触手可及的目标。我们支教的过程，也绝不是唐突闯入孩子们平静的生活，而是留下一段快乐温暖的记忆，让他们更加坚定对知识的渴望和对未来的憧憬。

诚然，对于我们，与其说是去支教，不如说是去接受教育。支教团中站上讲台的每一位“朋辈小老师”，不管是学分绩点第一的“学霸”，还是成绩垫底的“学酥”，眼睛里面都有星星。他们的善良、执着、团结，让我看到南开人“知中国，服务中国”的担当，让我作为南开人，深深地感到骄傲。

请让我们留下温度，带走波澜；留下希望，带走感动。

把最美好的一年安放在雪域高原

夏 上

7月9日　星期二　晴

来到拉萨后，我知道这里海拔将近3700米，这里的空气稀薄，这里的阳光会灼痛皮肤，这里的牦牛的毛发会长到落地，这里没有水稻小麦，这里的食物风味偏辣，这里的远山常有白茫茫的积雪，这里的夏天也要穿长裤和外套……我也曾看过最美的云、最蓝的天，也见证了最真实的信仰、最淳朴的热情。要是一个游学者，经历这些也算不虚此行了。可我，是个支教老师，是个要把最美好的一年安放在这里的志愿者。

我不禁常常向自己发问：这一年的终点在哪？

第一次告诉学生我的志愿者身份的时候，二年级的藏族小娃娃像第一次听我讲课一样，眼睛忽闪忽闪地看着我，听得到但是听不懂。“志愿者就是愿意主动帮助别人而不求回报的人。大家明白了吗？”我一个字一个字地讲，想顺着这个知识点，再提一句支教老师也是志愿者的一种，就问了孩子们什么是支教老师。这一次孩子们却很积极，甚至很激动，一半的学生举了手。还没等我叫起一个来回答，有个嗓门大的学生铆足了劲儿喊道："我知道什么是支教老师！就是那种待一年就走了的！"我先是惊诧，一个二年级的孩子会说出这样的话，然后眼眶开始湿润，鼻子一酸，眼泪差点儿没忍住。后来的半节课，我开始讲我们的支教团，讲我们的大学，却怎么也绕不开孩子说的一年。仿佛一下子，日子不再是一天天过，而是数着一年的光景，看那离开的时刻还有多久会来。

像是孩子问了我，这一年会留下什么

因为是寄宿制学校，孩子们晚上都要上自习。而晚饭又吃得早，吃完饭离晚自习还有近一个小时的时间。多数孩子会去操场玩儿。研究生支教团的两个队友找到我说，想一起给班里的孩子们培优补差，就是在晚饭后给孩子们讲数学，每天四十分钟，相当于一节课。

第一次给孩子们补习时，他们都恭恭敬敬地坐着，低着头，可能在想这个教二年级道德与法治的老师，教起六年级数学来是什么样子。我并没有讲书本上的知识，而是展示了几个趣味数学问题。一个是"鸡兔同笼"，一个是火车过桥，还有几种典型的简便算法。我想告诉孩子们数学是和生活息息相关的，数学也是很有趣的。我每解出一道题，孩子们就瞪大眼睛，一个劲儿地鼓掌，也不知道听没听懂。

临近上晚自习课，他们就回去了。有个女孩子走在最后面，迈着碎步子。看我来了，她一把塞给我一张纸条，扭头就跑了。纸条上写着："谢谢夏老师给我们补课，夏老师讲得很好，我现在开始喜欢数学了。我会好好学数学的。"这张没有署名的纸条，忽然给了我莫大的鼓励。

这个女孩子让我想起了二年级的212个孩子。经过近一年的教学和相处，他们知道了天牛是种害虫，知道了天安门广场是北京的标志性建筑，知道了有霾的天气要在室内玩耍，知道了吐痰要先用纸巾包住，知道了中华大家庭有五十六个民族，知道了外面的世界精彩纷呈……

就算我走了，这些他们也都还会记得

第二天，我还是教二年级的道德与法治和六年级的数学，但心情却明朗了很多。

这一年，我慢慢发现“支教”二字开始饱满，甚至沉重起来。

有个学生，我一直以为他叫扎西，后来发现扎西是另外一个孩子。

十二月份的第一个周末，达孜区项目办组织“西部计划”志愿者去塔杰乡主西村慰问留守儿童。村子不远也不近，从县里开车近一个小时就能到。

走进第一户做调研慰问时，我惊讶地看到了自己的学生。当时我有些愧疚，羞愧于不了解自己学生的家庭情况。我想喊他过来说说话。我叫“扎西”，他远远地站着，只笑着，没有应我。当听到在里屋的奶奶用藏语喊他的名字时，我才发现记错了也叫错了他的名字。

志愿者和项目办的工作人员坐在他家的沙发上，开始聊这个家的情况。奶奶搂着孩子，一边说，一边揉着眼睛。问到这个孩子的爸妈时，奶奶抹了抹眼角。从村长的翻译里，我们知道，孩子的爸妈在拉萨工作，而这个孩子，其实是领养的。我感觉空气像是凝固了，不自主地屏住了呼吸。

慰问活动结束了，我了解到，这个村子有八九个儿童，其中有三四个孩子或是领养的，或是双亲离异而撇给奶奶、舅舅抚养的。

周一上课的时候，我开始关注那个被我叫成“扎西”的孩子，而他和以前不太一样了。他上课的时候不再做小动作了，开始认真听讲，也开始交作业了，并且字迹工整得让我感到惊讶。我开始表扬他，鼓励他。

张老师是我的队友，教这个孩子语文。在一次聊天中她告诉我一些教学感悟，班里有些孩子平时很调皮，其实是想引起老师们的注意，老师们关注到他了，他就会很听话，就能很认真地学习。

看来“扎西”就是这样的孩子。他在我的关注下，开始认真学习了。这就如同一棵树摇动另一棵树，一朵云推动另一朵云。只有那样，另一棵树才会因风摇曳，另一朵云才会飘向远方。

这一年，不及人生路上匆匆一瞥，却也是寻梦路上必经的一段

年前，很多志愿者都回了家，我们研究生支教团五个人还在学校里给六年级的学生们上课。天很冷，人很累，也很想家，但我们还是留下了。六年级（3）班的数学老师休了产假，我临时给他们班上十天数学课。

和我预想的一样，孩子们听得懂我的教法，更重要的是他们对学习数学有了兴趣。一次连堂课后，我给他们放歌听，想调节一下课堂气氛。怕他们理解不了歌曲的大意，我就把歌词投放到屏幕上：“我要一步一步往上爬/等待阳光静静看着它的脸/小小的天有大大的梦想/重重的壳裹着轻轻地仰望……”

在歌声中，我望向全班同学，望向他们泛着高原红的脸，望向他们的眼睛，问道：“谁能和大家分享一下，自己的梦想是什么？”

作家、军人、美食家、教师、科学家……仿佛十年前的自己也这么说过。在雪域高原天寒地冻的时候，这里的梦想，还是那么五彩斑斓。

“梦，是要我们去追的。现在的我们，要一直向着自己心中的梦想努力爬，努力跑！”

我希望他们在多年后还记得《蜗牛》这首歌曲，每每听到的时候，还记得梦开始的地方。

这一年，终究是一年

我一直在想，这一年的价值会在哪里。可想着想着，时间就开始催了。

上个月给孩子们提前庆祝六一儿童节，他们高兴极了，把心爱的衣服或者新衣服都穿上，在庆祝晚会上给好朋友们看看，仪式感十足。

那天我也很高兴，拿了相机给各个班的晚会拍照。去了自己教的五个班，二年级的小朋友在班主任的组织下，戴着礼帽，吃着蛋糕，跳着舞，热闹得厉害。拍照的时候，我还被抹了一脸的蛋糕！

来到六年级的时候，走到程老师的班级，他不在。六年级的大孩子们已经提前把教室布置好了，桌子椅子靠墙，中间摆着蛋糕和其他吃的，教室的一体机里放着音乐，气氛也很热烈。我站了一会儿，找角度给他们取景拍照。一首歌曲完了之后，接上的是《栀子花开》。

当《栀子花开》的前奏响起，当我看见那个补课时总是调皮的男生整理他的衬衫领口，当我看见那个平时安静极了的女孩穿着她心爱的干净衣服，我真的不知道，他们不穿校服的时候，是这么帅气，这么漂亮。我想到他们就要毕业，奔赴下一场青春盛宴，想到他们在多年后也要成为家庭和社会的砥柱，撑起生活的大梁……

突然之间，热泪盈眶。

我才发现，我爱这里的每一个孩子，不管是一年，还是以后。

来支教之前，有朋友跟我打趣说：“你就这么去支教了，还去一年，该不会以后就当个老师了吧！”现在想想，我觉得我真的会。

2702 公里外，我有个家，还有 58 个孩子

吴静谊

6 月 5 日　星期一　晴

“轻轻的我走了，正如我轻轻的来，我轻轻的招手，作别西天的云彩……”一年前毕业时的临别赠言依旧回响在耳畔，但时光终究在秋冬春夏间溜走，留下的是满脑子甜蜜的回忆和眼眶中酸涩的别离。

手中的笔已经握了良久，千言万语在心中掠过，纸上依然空白一片，因为我还不想离开……

自习课上，我望着前方傻笑，第一排的孩子问我怎么了，我摇了摇头，想说的话没有说出口。稚嫩的手在认真地书写，有几个想说悄悄话的，偷偷瞄一眼我，被发现后又假装认真思考的表情，那么有趣，怎么也看不够。我一直在想，两年后、五年后、十年后的他们会是什么样子，又会发生哪些变化。这些“小胖子”“淘气包”“爱哭精”“接话棒”们会不会懂事，会不会成长。想象着爱笑爱闹的他们，以后的以后会过得怎么样，是否有理想，是否奔跑在追梦路上。现在，我只有真心希望他们把每一天都过成生命中最精彩的回忆。

“西瓜霜含片，一次两片。”还记得在嗓子疼痛说不出话时，桌上的润喉药和孩子写在纸上的关心话语，心中涌起层层感动。

“老师，您在哈尔滨等我，等我长大了去看您。”还记得班里的“小胖子”在下课后围着我说出这话时，我心中满是惊喜。

“老师，我错了，不该上课不认真听讲，您不要生我的气了，好不好？”还记得上课发火后看着偷偷塞来的纸条时，我瞬间展开的笑颜……

一切就是这样的神奇，这一年中的每一次感动、每一次惊喜都在我的脑海中，每一帧都格外清晰。我的人生中多了值得回忆的58个温暖的“小太阳”。

怎么办？老师还有好多知识没教授给你们，还有好多话没给你们说，还有好多道理没给你们讲。但令我庆幸的是，我教过的、说过的、讲过的，孩子们都记得。在作文《老师，我想对你说》中，孩子们把心里话说给我听。我才知道，原来我说过的话、做过的事，孩子们都记在心里；才发现，我在他们的心中是值得敬佩的。那种感觉是满足，是成就，是自豪，还是害羞，很奇妙。原来我的努力和付出，都有了最大的收获。

虽然身处异乡，这一年来我却从来没感到过孤独。刚来的时候，正是陕西省长武县的吃枣季。一天放学，一个小女孩在教室门口等我，然后把一小袋枣子递给我，说：“老师，我妈妈说您在长武没有家，这个枣蒸出来更好吃，让我带给您尝尝。”这是第一次收到礼物，我的心里比这枣还要甜。

让我印象最深的一次是我感冒了好久都没好，中午开始发烧。学校的老师带我去了医院，我下午请了假在宿舍睡觉。放学后，我听到了敲门声，班里的孩子带来了一盒巧克力。“老师，您生病了就要好好休息，不用担心我们，这盒巧克力送给您。药苦，吃完药你就吃一颗巧克力。”那份感动现在还在眼圈儿里打转，那盒巧克力我一颗都没吃，因为舍不得。

“老师，这是我妈妈去北京看病回来带给我的草莓布丁，可好吃了，我给您留了一个。”

“老师，昨天我爸爸回来带了两瓶酸奶，我们一人一个。”

望着孩子们笑容灿烂的脸颊，才发现孩子们没把我当成高高在上的老师，我是他们的小姐姐，是他们能够分享喜欢的东西的好朋友。这种感觉真好！

每个特殊的节日，我都能收到来自小可爱们的真挚祝福。那一张张写满心意的卡片，折成爱心状的卡纸小盒子，微信聊天中发过来的表情，这些画面、这些话语真的是难以忘却的珍贵记忆。虽然在长武我孤身一人，但有这么多可爱的亲人在身边。

生活中最奇妙的莫过于萍水相逢却可以牵挂一生。我与长武的孩子们在一年前相遇，在教学相长中相知、相伴、相爱。这一年满腔热忱，这一年酣畅淋漓，这一年的我太入戏，让我对一切的一切不忍分离。

“悄悄的我走了，正如我悄悄的来，我挥一挥衣袖，不带走一片云彩。”云彩我不会带走，因为我把心留给了这片蓝天。

西部生活——她给我们带来希望

戴国华

11 月 28 日　星期二　阴

她是个平凡的女孩，她并没有赋予我写她的权力。但只要你是我，只要你认识她，我相信大家会支持我用文字来记录她。她的故事也是千千万万志愿者的故事。

她叫李娟，一个来自四川康定的藏族小姑娘，毕业于中央民族大学。我所知道的她的户籍信息只有这些。我已经记不得我们最初相见具体是在什么时候了，反正是在呼市报名培训之后。借助照片我依稀记得在拍集体大合影的时候，她就站在我身边。我们班有两个像她那样的小胖姑娘，那时候我实在搞不清楚她们谁是谁。直到在去内蒙古奈曼旗的火车上，我才知道没有坐在我对面的那个女孩是她。她和我一样，是去奈曼旗服务的仅有的四个南方人之一。

她原来是被分在大镇的，也就是雷姐现在的位置。由于大镇正在主抓滑子蘑的项目，雷姐在这方面比较专业，李娟二话没说就和她对换了，于是她去了平安地这个带给她苦恼和欢乐的地方。

她一到平安地就主动申请到学校教书去了。服务工作的第一个周末，我在旗里一家冰淇淋店里再次见到了她。她是和在明仁苏木服务的大学同学代沁一起回来的。回来的主要目的，按她说是要大补一下，至少要买一箱火腿肠回去改善伙食，一成不变的一盆炖菜和面食让她无法忍受。但她终究没有实现愿望，由于公共的原因（缺乏资金）她只买了十根回去。

我们的手机集团网开通后，我接到的第一个电话是她打来的。她带的一个学生上课调皮捣蛋，这让她十分难受。安慰之余，我给她出了很多馊主意，都是关于怎么治那个学生的。那时，我已经知道她带四个班的生物、一个班的英语，一周要上十几节课。在那个极度缺乏老师的学校，她就像一根救命稻草一样珍贵。我并不知道最终她是怎么处理的，只知道那个学生现在上课老实了。

繁忙的志愿者生活也是崭新的志愿者生活，每天我都要接触新事物，认识新的领导和同事。转眼两周过去了，她始终不曾引起我们太多的注意。共同的平凡注定彼此的信任，我渐渐习惯了她几乎每个周末都上旗里来，我们也渐渐熟络起来。我为她也付出了一些东西，我不辞辛苦带过来的大软枕头被她给抢走了，因为我的单位给我准备了枕头，而她却没有。我当然不能拒绝她的要求，也没有理由拒绝。

她打给我的一次最长的电话将近有两个小时，我尽了最大的努力安慰她，直到手机没电关机。我知道她难受，但我更担心别的事情。

第二天，恰逢周末，我劝说她的小姐妹青云去她那看看她，知道她很正常，我才放下心来。青云的到来肯定会带给她想要的快乐，也能让我们彻底了解她和我们提起的情形。这些情形或许在很多人眼里算不得什么，或许在她自己看来也算不得什么，但在我们眼里却是很严重。孤独无助，住宿条件差，饮食不习惯，最要命的是周末放假居然没饭吃，还要一个人住在学校里。就是在这样一个大环境下，她仍在坚持，每天还有大量的教学工作。对此我们怎能视而不见，但又想不出什么更好的办法。奈曼旗的各级领导对我们是那么的关爱，一点儿生活上的困难该克服的还是要克服的，这也许是她所想和正在做的。

然而，我们终于没有忍住。几天之后，自治区团委张部长、旗委领导和我们举行了一次座谈会。座谈会上，面对张部长和旗委领导的关怀，胆大的雷姐提出了李娟的问题。我们知道领导关心我们，不管怎么样，她总会好一点儿的。

她没有机会参加这次座谈会。当我把这件事情通过电话告诉她的时候，她惊讶地问我："真的吗？你们怎么能这么做呢？"

再见她是两天后的中午，她风尘仆仆地赶来找我们的负责人常书记。旗里的领导非常担心她那边的生活状况，通知她调到旗一中。在我的办公室里，我直接问她自己的意见。迟疑之后，她还是想留在那个让她吃苦的学校，因为她舍不得她的同事和学生，她实在不忍心将她带的那十几节课分摊到工作本来已经很紧张的其他老师头上。"我走了，他们怎么办啊？"是啊，这真是个问题，这是我们以前所没有想到的。她说她自己也很难决定，她坚持留下的话就实在对不起旗里的领导和关心她的同学。这是我第一次见她发愁的样子。我没有多说什么，给她烧了一壶水，让她梳理了一下因奔波而脏乱的头发。广告说洗头能带给人好心情，那一刻我相信是真的。

在她的要求下，下午我和她一起去找了常书记。我没有参与她和旗委领导的谈话。短暂的等待之后，我再次看到她带着微笑的脸庞，我知道她得到了想要的结果。开明的领导尊重她的决定，她还是留下了，而且还解决了周末吃住的问题。领导把她挪到政府去住，并给她配了一辆自行车。

走出旗委大院，我们都为遇到这么好的领导而开心地大笑，这或许是我们能想到的最好的结果了。不过大笑的原因主要还是她告诉我，自己其实不会骑车，但实在不想麻烦领导了，所以她也没拒绝。在中国这样一个自行车大国，我还是第一次遇到不会骑车的年轻的大学生，她真是令人意想不到。

第二天她便返回到她的岗位上，去继续她的教学了。关于她的故事，此后依然很多。但我不得不承认，她是最无愧于我们志愿服务誓言的。

她在我面前从来没有说过她的学生聪明、可爱，她老抱怨他们调皮不好学，然而就是为了他们，她选择了留下。

我要暂时放下笔了，把这个故事写出来只是因为它憋得我难受。又是一个寒冷的冬夜，一中的学生上完自习成群结队地回家了。他们都是如此地充满希望，有他们，奈曼的明天会更美好。

书信

托云牧场的来信

李先生：

旁人听说我们的爱情故事，一个甘肃人，一个广东人，好奇我怎么就认定了你，我总是开玩笑说："傻呗！"叫别人看来是挺"傻"的，爱一人，择一城，这一择就择在了离家万里的边疆，远离亲朋好友，舍弃都市繁华，甚至没婚礼、没婚戒、没婚纱、没婚照、没婚房，什么都没要就嫁了。像极了让爱情冲昏了头脑吧！

如果没有参与"西部计划"，我们这天南地北的两个人可能不会遇见对方吧。当时被分配到师机关，我却坚持想到基层团场去接接地气，这才到了托云牧场。领导、同事看我瘦小柔弱，又是从沿海地区来的，都认为我顶多坚持到一年服务期满。你也跟大家一样猜测我吃不下这份苦头，耐不了高原的清冷寂寞，是不会在这里长待的，"虽然第一眼就有好感，但还是不肯浪费时间和感情做这份无用功"。

奈何我却经常蹦跶在你视线范围内。虽然在机关纪委办公室服务，但我常常会到学校里去开展志愿服务，跟孩子们在一起。每月定期上主题班会课，为孩子们做梦想启蒙、自信教育、自护知识宣传。每天晚自习我都会出现在四年级教室里，因为我的结对帮扶对象是四年级的加娜尔古丽小朋友。别的老师在学校里见了我都热情大方地打招呼，你倒是酷得不行，好歹我们还是隔一栋楼的邻居！后来你还“恬不知耻”地说：“这志愿服务开展得也太勤了，是不是故意到我跟前来扰我心智的？”

只能说是缘分吧，虽然经常到学校开展志愿服务，但那段时间我们都没有正面说过一句话。然而，这一来二去确实是扰了你的心智，哈哈！看我组织活动，看我与孩子们互动，看我好像打了鸡血一样一趟趟往孩子们跟前跑……古尔邦节那天，我们一起在少数民族朋友家中做客，你喝了点儿酒，终于鼓起勇气问我要了电话号码。这才算是正式认识了对方，而真正的考验还在后头。

当年的托云牧场连个像样的商店都没有，买菜都要到6公里外的口岸去。场部并不大，周围都是黄山戈壁，山上光秃秃的，稀稀拉拉长了些草根。这样的环境，年轻人总是待不长，来了又走了。你迟迟不表白自己的心迹，是觉得相恋到头也是一场空，我不会留下来的。但你看着我在这戈壁山脚下跑起了马拉松，看我乐此不疲地背着双肩包跑步往返口岸买菜，看我解锁土豆大白菜的一百种做法，看我在这个地方生活得仍然有滋有味，没有听我抱怨过一句这里不好，你都纳闷儿了，怎么会有这样的女孩子？

现在想起来，做志愿者的那段时间一无所有，却感觉应有尽有。连黄山戈壁在看惯了绿水青山的我眼中都那么特别，连跑步往返买菜在习惯了便利交通的我看来都是不可多得的乐趣。你不是志愿者，你可能无法切身体会到志愿服务带来的快乐，那是可以超越环境的清苦的，又或者说，正是因为在这样的环境中，志愿服务带来的快乐会被放大。我也才发现，人的欲望可以变得这样少，人的价值还可以这么定义。

所以在你几经挣扎才决定赌一把问我，愿不愿意为了你留下来的时候，我没有犹豫就回答：愿意。这么爽快的答复倒把你吓了一跳，愣了半天没回过神来。

要说当时是被爱情冲昏了头，才没多想就答应与你一起留在边疆，那这一昏头，就昏了三年多，结婚也一年多了，却也没见清醒一点点。大概像木心诗里表达的一样，边疆的日色变得慢，车、马、邮件都慢，一生只够爱一个人吧。

“西部计划”“志愿服务”像是我们的红娘。你是甘肃人，我是广东人，而现在新疆已经成为我们共同的第二故乡。肚子里的宝宝现在三个月啦，要不，就叫李西部或者李志愿吧。

“西部计划”志愿者邵书琴

爱在山花烂漫时

康康：

2016年的8月，我离开了象牙塔，带着一身书生气和对未来的期盼，在美丽的山城重庆开始了我的“西部计划”志愿服务。走之前，我很舍不得，舍不得离开你。但又有一种对西部的热爱，让我选择了和你暂别。

当我来到美丽的茶竹之城——永川的时候，我被这块土地的独特魅力吸引了。在永川区何埂镇的联盟村，一个很贫穷的村落，我开始了我的志愿服务。虽然穷，但这里却有你想象不到的美景，联盟村的青山绿水，风吹麦浪，我想把这里所有的美景拍成照片寄给你，让你认识我工作的地方。每当傍晚来临，望着放学归来的留守儿童、荷着锄头的老伯和他身后跟着的温顺的小狗，还有路边随手可摘的野果子，我真希望能和你分享这美好的一切。

在联盟村的日子我过得很充实，这里有许多的事情需要我去做。村里有许多生活困难的村民，其中有残疾的，有家庭成员生了重病的，也有留守儿童在家没人照顾的，我在思索着应该怎么帮助他们。这里有很多人出行不方便，家里还没接通自来水，我也想通过努力让这些得到改变。每天看到村民们在为衣食冷暖而奔波时，我真的难以入眠。还好有你的鼓励，我下定决心从小事做起，为村民们服务。

村子里有个叫孔祥福的老人，老两口住在一起，还有一个残疾的儿子，他们是村里的建档立卡贫困户。为了帮助他们，我联系了永川区团委和当地政府，领导给我提供思路，给他们买了四只小猪。他们很勤快，猪仔长大了，他们就有收入了。他们很感谢我，还开玩笑说要在村里给我介绍对象呢。记得我向你说起这件事时，你也被感动了。

一年的时间里，我还为村里做了很多事：开设了留守儿童周末课堂，帮助残疾人发展养殖业，成立了三家合作社，修了人行便道。村子正在一点点改变。他们很信任我，还推选我做了他们的村书记，我感觉我肩负起了更重的责任，要在这里扎根了。

一年的时间匆匆而过，我又续签了一年服务期。当我开始第二年志愿服务的时候，新志愿者名单上赫然出现了你的名字——康静！我的心里颤抖了一下，你一直瞒着我要考老师，我以为你想待在城里，可你却选择了和我一起来当志愿者，像天使一样飞到了我的身边，你是西部送给我的最好的礼物。

这一年我不孤独，有很多和我一样的志同道合的志愿者在基层服务，但你的到来会让我更加努力，更加幸福。我要带你慢慢欣赏乡村的美，我要带你去看永川的茶山竹海，带你去看长江悠悠，还要带你去看等待我们帮助的贫困群众。

我的康康，祖国大好的农村是一片广阔的天地，这里需要我们，我们可以大有作为，我要和你在这里一起成长。让我们的爱情在西部的大地上如山花般烂漫。在志愿服务结束之后，我也要让你找到一个真正的归宿，那就是做我的终身伴侣，你会答应吗？

重庆文理学院基层志愿者罗南洋

给蒋姐姐的一封信

蒋姐姐：

你好！

现在很忙吧，我猜一定是年终检查的事。我的单位也是，刚刚结束了为期八天的对全旗各苏木乡镇卫生院传染病和计划免疫的年终检查。这次检查，我感触很深，特别是对基层卫生院的防疫状况。虽然我一直和这里的防疫员打交道，但这一次，当我第一次坐上他们的摩托车，我才真正理解他们的工作和生活。我给你讲讲基层防疫员的故事吧！

这里的每一个苏木乡镇一般有三名防保员，防疫员、妇保员、儿保员各一名。这其中最辛苦的可要数防疫员了，传染病、计划免疫、地方病、慢性病都是他一个人管。一个月里，他至少有十几天要到各嘎查村给小孩儿打疫苗。“严寒的冬天、冰封的大地、漫天的风沙、崎岖的道路，一个防疫员，骑着摩托车、背着冷藏箱，一村又一村、一家又一户，母亲抱孩子，遥遥在相送。”这样的情景像过电影一样，反复在我的脑海里出现。现在天气已经很冷了，可是他们却舍不得用暖气。他们实在太苦了！可是，他们一年的收入只有政府发给他们的六千块钱。即使是这些钱，由于当地财政困难，政府还常常不能按时发放给他们。有一个防疫员，他的女儿在呼和浩特念大学，一年需要的正是这六千块钱。可是政府不能按时给他钱，他只有先借高利贷，好不容易等到发钱了，他借别人的六千块钱已经变成九千多块了。我曾经问和我一起来这里的一个志愿者两年以后是否会留下，他望着窗外苍茫的草原和漫天的风沙，叹了一声，说："不会。"可是这里的防疫员，有的已经在这里工作了一辈子，有的和我们一样年轻，一样向往大城市，一样有自己的梦想，但他们将在这里工作一辈子。对于我们这些来到西部的志愿者来说，两年后会离开这里，但无论走到哪里，也不会忘记这些防疫员。"奉献"已经永远刻在我们的心中。

蒋姐姐，如果说前一阶段我还在适应工作和生活环境的话，那现在的我已经找到了今后工作的方向：为改变基层卫生防疫的落后状况而奋斗！我迫切地想做一些能影响当地的事，但实际上每天的工作都是繁忙而平凡的。通过网络和报纸看到别的志愿者有的已经运用自己学到的知识带动当地农民致富，有的联系到资金捐资助学，我内心非常焦急，总觉得自己没有发挥志愿者应有的作用，直到我回家过春节的前几天，单位的同事一个接一个请我吃饭，有的还精心为我准备了回家的礼物。我很奇怪，便问他们，一位老同事的话实在是让我感动，他说："我在防疫站工作几十年了，你的敬业精神，感染了其他同事，也感染了我！"这句话使我想起了我到一乡镇卫生院做调查的情景。第一天，我告诉院长我来这里调查卫生院的经营状况和卫生防疫状况，院长不理解。那天晚上我住在卫生院的病房里，室外已经零下二十多度了，那一夜我蜷着身子，冷得一夜也没有睡着。第二天，我认真地问了他们有关卫生院的情况。当天夜里，我发觉院长在我睡觉之前让锅炉工烧了两个小时的炉子，睡觉的时候我感觉没有那么冷了。第三天，我和他们一起完成了计划免疫的年终报表，夜里，锅炉工给我添了半炉子的炭，我睡得很踏实。第四天，我和防疫员到各嘎查村投糖丸疫苗，我坐着防疫员的摩托车，那天我们跑了140多公里，直到晚上才回来，我的脚早已经冻得失去了知觉。回到卫生院的时候，那里一片漆黑，原来停电了，但是谁也没有回家，院长还有卫生院的其他人都站在门口，等着我回来。那一夜，我们在烛光下共进晚餐；那一夜，正好在防疫站交表的几个防疫员听说我下乡了，也连夜赶来和我一起喝酒；那一夜，我第一次喝醉了；那一夜，屋里的炉子烧了整整一夜，我睡得特别香；那一夜，我做了一个梦，梦见两年后我走的那一天，单位里的人，十六个苏木乡镇的防疫员，整齐地站在防疫站门口，依依不舍地把我送到火车站，我们挥泪告别……蒋姐姐，我真的希望两年后会是这样的一天。现在，半年过去了，我没有做出惊天动地的事，但我可以骄傲地告诉关注我的所有人：我已经获得了他们的尊重，我是一名合格的志愿者。

蒋姐姐，还记得去年的这个时候吗？那时怀着对特区的向往，我一个人从大雪纷飞的北京来到了阳光明媚的深圳，第一次来到深圳疾病预防控制中心，第一次见到你。现在，一年过去了，看看世界，发生了很多变化，我也觉得自己改变了许多，我更懂得了贫穷意味着什么，我更懂得了珍惜生活，我更懂得了人活着不仅仅是为了自己，还可以帮助别人。春节假期我可能不会去深圳了。我从内蒙古回来，那里是奶茶和奶制品的故乡，临回来时我去邮局寄了些给你。还有，其他新来的同事李锦、吕星、李胜龙、朱磊……他们都很好吧，很怀念与他们一起玩的时候，代我向他们问好。现在，我正在火车上，马上就要到家了。我的家乡清远是广东最落后的山区，但沿途我看到了许多新建的工业园区，一片欣欣向荣、蓬勃发展的景象。我激动极了！我知道了，现在落后的地方并不意味着永远落后，我的家乡如此，西部也会如此，不久的将来，西部也将会是一片欣欣向荣、蓬勃发展的景象！

祝新年快乐，工作顺利！

莫 锋

青春的乐章会让每段征程尽显光芒

——给自己的一封信

刘霞：

你好！

窑洞、华山、干旱、兵马俑，外加羊肉泡馍，曾是你对陕西的全部印象。

2017年5月，当你把要参加“西部计划”的想法告诉父母时，他们一开始并不支持。“一姑娘家家的，跑那么远的地方做什么，踏踏实实地在县城当一名老师多好！”感性的冲动总是异常容易的。你清楚地知道，如果当初不参加“西部计划”，也可以在自己的专业领域找一份体面的工作；也可以如同父母期许的那样，在县城当一名老师，过上安安稳稳的日子。但“现世安稳、岁月静好”并不是你想要的生活。

于是，踩着2017年7月的尾巴，你怀揣着“建设美好西部、立志服务基层”的梦想搭上了K705次列车。作为安徽省赴陕“西部计划”志愿者团队的队长，你带着同行的十三位小伙伴来到了这个仰慕已久的地方——陕西。离开那个久居的南方小镇，跨越1400多公里来到扶风。初见她时便发现，这里有着与南方迥然不同的景象。尤记得第一天来到这时，看着一个西部小县城的建设如此前卫与现代，同时又不失古色古香的人文特色，你忍不住自嘲见识浅薄。也许是你太过“幸运”，整个陕西迎来了历史上夏季最高的气温，西安后来居上，赶超吐鲁番地表温度，稳居2017年度第一，而你也第一次感受到北方的“热情”。

就这样，2017年的夏天，开启了你的陕西志愿行！

初来北方，饮食习惯无疑是最大的障碍。一个喝惯了白米粥、吃惯了白米饭的南方姑娘，突然在某个清晨出门吃早餐时，发现可以选择的只有铺满辣子油的擀面皮、臊子面、一些不知名的面条和肉夹馍，那种心情可以说是五味杂陈。

此外，语言不通也是众多困难之一。刚进单位时你负责办公室文件的收发、接打电话，对于职场小白来说，的确也须要花费一番工夫，但在领导与同事的指导帮助下，慢慢地就学会了。最让你忐忑不安的要数接打电话了。语言不通，听不懂他们口中的方言，而单位的一些老前辈，也不太擅长讲普通话。就是在这样的环境下，耳濡目染，渐渐地你能听懂扶风方言了。

除了最基本的办公室业务外，你主要负责网上共青团建设，即微博、微信等新媒体运营。于你而言，新媒体是一个非常陌生而又极具挑战性的领域。它需要好的文笔、敏锐的观察力、挖掘新话题的敏感度，作为一个门外汉，你真的欠缺很多。旁人总觉得你这工作很轻松，不就是敲几个字凑出一篇文章嘛！但自从接手这项工作后，你常常一个人在办公室加班，琢磨文字编辑、页面排版、照片修饰，为了发布一篇公众号文章要反反复复地修改，预览很多遍。工作中最常用的快捷用语成了“书记，这是预览，您看一下”“这是修改过的，您再看看”“没有问题那我就发了啊”……

闲暇之余，你喜欢徒步，走走看看，在欣赏扶风美景的同时，也为公众号搜集素材。就是在这样的状态与环境下，2017年11月的第一篇原创文章《秋天该很好，你若在扶风》阅读量首破三千，且被多家微信公众号、今日头条号、搜狐号争相转载。

在这一年的服务期间，你组织、策划并参加各类志愿服务活动十几次。2017年7月31日，与单位领导同事前往帮扶村参加脱贫攻坚政策宣讲活动；8月23日参加县少工委组织的“情暖童心‘城乡手拉手 脱贫奔小康’”公益示范活动；9月29日参加“温情陪伴 共度中秋”关爱贫困老人志愿服务活动；10月17日参加团县委组织的“以爱之名 扶贫帮困”扶贫日爱心义诊活动；12月7日随团县委、县少工委参加“城乡手拉手 脱贫奔小康”亲情暖冬行动；12月15日在微信公众平台上发布倡议书，鼓励社会各界爱心人士通过中国社会扶贫网加入扶贫帮困队伍中来；2018年1月18日—21日志愿服务中国人民政治协商会议扶风县第九届委员会第二次会议的会务工作，同时负责会议全程摄影与文字编辑、公众号运营工作；1月24日随团省委、团市委、县委组织部、团县委领导一同参加红领巾关爱行动——陕西省红领巾专项基金关爱行动走进扶风县午井镇中心小学；5月31日、7月7日，策划宣传、组织、参加了两期“扶风青年读书会”……这种种经历让你爱上了“志愿服务”这个美好的词汇。

回想刚来扶风的第一天，那个下午，你作为志愿者代表在欢迎会上发言，那时的你讲述了自己如何与志愿服务结缘，又是怎样在第一次看见“用一年不长的时间，做一件一生难忘的事”后便下定了决心。转眼，一年时间已过，不敢说这一年中有具体的哪一件事能让你终生难忘，但这一年的经历却也让你成长不少。

“好儿女志在四方，有志者奋斗无悔。”未来的道路也许泥泞，也许荒凉；也许你会彷徨，也许你会委屈，也许你会气馁，但青春的乐章会让每一段征程尽显光芒！

希望你永远年轻，永远热泪盈眶。

刘 霞

离别之际，致生命里那些最美的过客

嘿，生命里那些美丽的过客呀，365天的岁月转眼间就要走到尽头了，你们还记得我们初遇时的样子吗？还记得在这不长的时间里，我们一起经历的点点滴滴吗？还记得我说过带着怎样的梦想和初衷来到这方未知的热土上，延续东北林业大学研究生支教团（以下简称“东林研支团”）的支教情怀吗？这些啊，我都记得。

记得那是2018年7月的夏天，我们十六位东林研支团成员从祖国的四面八方汇聚到贵阳市参加志愿者培训大会。初踏黔州大地，我记得那时的青山与蓝天映着金色的阳光，我也记得自己发的第一条朋友圈，上面写着：我是一个捕梦人，踏着云彩，披着阳光，只为寻梦而来。是啊，这一年来，我不曾忘记这份初心，我是一个捕梦人，是那121个苗家孩子的捕梦人啊。

能到天下苗族第一县的台江县进行教育扶贫工作，是我最幸运的事情。在这里，我遇见了热情淳朴的苗家儿女，那121个孩子用最纯真的感情温暖着异乡漂泊的我。在这里，我和其他七位队友一起在风雨中走过，相互扶持，团结成长。我的支教生活，就从这样美丽的遇见正式开启了。

我记得初遇你们时那份激动并掺杂着期待的心情。你们那因为军训而晒得黝黑的脸庞，你们那亮闪闪的眼睛，都让我记忆深刻。课间休息时总会有几个大胆好奇的孩子，跑过来问我各种各样的问题：“老师，老师，你是来教我们的吗？”“老师，老师，你叫什么呀？”“老师，老师，你以后教我们什么学科呀？”“老师，老师，你长得真好看，我们以后可以叫你‘许漂亮老师’吗？”“许漂亮”这个名字，你们从初遇时叫到了现在。如今，它早已深深地印在了我的记忆中，因为这是你们送给我的第一个礼物呀。对我而言，这是一个有温度的称呼，也代表着你们对我的喜爱。嘿，淘气包们，“许漂亮”最喜欢的事情，就是听你们叫着我的名字，然后看你们的嘴角扬起那温暖的弧度，惊艳了我的青春岁月。你们的微笑，我真的好喜欢。

我记得，开始担任七年级英语教师一职时，你们的英语基础真的让我感受到了不小的压力。从小我便是个好胜心很强的姑娘，心一狠，牙一咬，就开启了你们口中的“地狱”教学模式。在外疯惯了的你们，总想着下课出去满校园撒野，你们跑出去一次，我就把你们叫回来一次；你们作业写不完，我就一直陪你们把作业写完再放学；你们上课听不进去，我就一遍遍地讲。在这场耗时近一个学期的“倔强拉扯战”中，有一天，你们忽然跟我说：“许漂亮，我们一定会成为你最大的骄傲！你要相信我们哦！”嘿，淘气包们，那一刻，我心暖到眼眶都湿润了，因为我知道，你们开始懂得要去做什么了，我也感受到，你们不想让我失望了。那时，我突然真切地感受到，我走进了你们的成长里，看着你们长大，看着你们学会善良温柔地对待生活和这个世界。

2018年的冬天，那是我第一次在南方过冬天。面对潮湿而寒冷的天气，我们相继感冒发烧。十年不遇的大雪，让全校停了近一周的课。通往村寨的公路不能通车，风雪阻挡了遥远的上学路。返校的那天，看到群里发的留守儿童冒雪上学的照片，心里莫名地难受。为了按时到校上课，你们从早上七点就离开家，要走一天的路。走过陡峭的山路，走过冰雪覆盖的高速公路，你们小心翼翼，顶着风雪艰难前行。这些曾经在新闻上看到的照片、听到的事情，却真实地发生在我的身边。那一刻，是你们坚定了我要给予你们更多温暖的决心。

我记得，要做一个让你们快乐的老师。在正式进入台江县第一中学支教前的一个月，我就开始为未曾见面的你们准备各种各样的校园活动。我为你们准备了传统节日文化体验——中秋节猜灯谜活动。你们猜谜时努力思考又着急的表情，现在想起来还是让人忍俊不禁。“环保行动月”里，我看着你们努力收集空塑料瓶去换购自己喜欢的多肉小植物，每天一下课你们就抱着空塑料瓶冲到我面前，喊着“快点登记，一个都不允许数错”，真的很可爱。“第二届见字如面——明信片漂流暨公益图书捐赠活动”中，你们每天都会叽叽喳喳地在我身旁问我，林大的哥哥姐姐们收到了明信片，会寄什么样的图书给你们。对未来充满期待的你们有着青春里美好的模样。我问过你们最喜欢哪类活动，你们说是“双师”课堂。每两周一次的东林“双师”课堂让你们觉得学习不再那么枯燥，为你们开启了美好的大学梦想，让你们发现了课本以外的丰富多彩的世界。

班里的淘气包曾偷偷跟我说：“许漂亮，等我考去林大，你还会在那里吗？”我笑着对你们说：“哪怕有一天我不在你们去往的地方了，但你们要相信，走出大山，我们终有一天会在未来某个地方相遇，希望那个时候的我们，会是彼此最美好的样子。我在未来等你们。”

我记得，你们说不想我走，问我能否再陪你们两载。淘气包们，你们知道吗，我们每个人在一生中会遇见各种各样的人，有了遇见，便会有别离。而每一次别离，也是为了在未来有更好的遇见。你们还会遇见新的支教老师，你们还会遇见新的朋友。一年岁月不长，有幸结识生命中最美丽的你们，虽然我们是彼此生命中的过客，但也是彼此生命里最美丽、难忘的风景。

离别之际，总是有说不完的话。淘气包们，你们要好好的，就像答应我的那样，我们相约未来再见。我会想你们的，我生命里最美的过客们啊！

许潇月

闪亮的日子里演绎着数不尽的感动

从我接手这个班起，你们告诉我："老师，我们这个班不行，也没拿过什么奖，不管是学习还是其他，但是我们也确实没怎么尽力……"上半学期的足球赛，你们与冠军仅一步之遥。但是，手里沉甸甸的亚军奖杯，却让我看到了你们脸上最美的笑容。

虽然，我平时老吼你们："啊，足球赛重要还是小升初重要？球赛能让你们考上大学吗？连最基本的学业都做不好，还怎么拓展业余爱好？"但是，你们不知道，当你们比赛时，我恨不得使尽全身的力气来为你们呐喊；看到你们受伤时，心也不自觉地会很疼，随时准备着创可贴、小毛巾，还有水，以备不时之需；你们不知道，看到你们摔倒时，我多希望摔的是自己；看到你们输了难过时，我多希望一个拥抱就可以化解所有。当然，看到你们打赢时，我开心地像孩子般跳起来，眼角闪烁着激动的泪花……你们不知道，我们一起经历过、呐喊过的足球赛，以及你们在赛场上奔跑的身影，是留在我心中的最美的风景。

短视频的发展，也发挥了你们的特长。每天听着你们的“情话”，心情格外明朗。

小冯同学：小姐姐，小姐姐，你今天好像格外不一样。

小橙子：什么不一样?

小冯同学：嗯，今天格外漂亮。

小刘同学：程小猪，你可以帮我洗个东西吗?

小橙子：洗什么?

小刘同学：喜欢我。

小张同学：老师，你猜我喜欢晴天还是雨天?

小橙子：嗯，晴天吧。

小张同学：错，我喜欢有你的每一天。

小冯同学：老师，大家都有腰椎间盘，为什么你那么突出?

小橙子：啊，什么?

小冯同学：唉，笨!

小白同学：小姐姐，我看你看得我牙疼。

小橙子：啊，为什么?

小白同学：因为你长得太甜了。

小马同学：老师，问你个问题?

小橙子：嗯，你说。

小马同学：奶茶可以加布丁吗？

小橙子：可以。

小马同学：可以加珍珠吗？

小橙子：可以。

小马同学：什么都能加吗？

小橙子：嗯，是的。

小马同学：那加个微信吧。

小橙子：哈哈哈……

好像慢慢地也习惯了你们的偶尔“皮一下”，又好像这些就是同龄人的“小秘密”。我们一起经历了最好的青春模样，一起长大，迎接更美好的明天。

那些年，幸福与感动拥抱着最好的我们。

今天是6月24日，时间就这么一天天地倒数流逝，还有不到一个月的时间，我格外珍惜，我想把每一天都过成最美好的样子。

上一周的作文课，你们写的人物描写，我看到了。虽然我眼睛小，脾气好，虽然有点儿胖，又很爱哭，但是看到你们的记忆中，我竟那么温柔惹人爱，我就放心啦，哈哈哈。谢谢你们，在该配合我演出的时候，都能够拼尽全力去演绎出最好的样子。

每一周的时间总是过得很快，周末的时光也总是充满了惊喜。

我喜欢和你们一起唱歌，因为我们有共同喜欢的人；我喜欢和你们一起爬山，因为我坚信我爬得最快；我喜欢和你们一起学习，因为我觉得陪伴是最长情的告白；我喜欢和你们一起玩，因为我才三岁半，你们都会保护我；我喜欢陪你们哭，陪你们笑，陪你们经历人生的喜怒哀乐。这一年，我是属于你们的。记住我们还要做的：一起看电影，一起吃饭，一起相约未来的西安。

我依稀记得，球赛输了，我们一起哭过，因为难过；记得年级前五十名我们班有次进了六个人，我们也哭了，因为开心；还记得，去唱歌、去爬山、去撸串、去玩耍时，我们一起笑了，因为幸福。这一年，幸福与感动无处不在，时光记录了最好的我们。

这一年，风里雨里，我们一步一步相互扶持走了过来。记忆中，你们会嫌弃我话多，总是唠唠叨叨，像“大妈”一样；你们会嫌弃我布置的作业多，还会嫌弃我撕作业，一点儿都不可爱；好像你们总是会说我胖，会说我老拿作业威胁你们学习；好像你们总说我逼得太紧了，早起晚睡，过得很辛苦……但好像你们又很依赖我，就像某位同学说的一样，虽然我傻，但是每天跟我在一块儿，总是会有不一样的风景，很喜欢和我待在一块儿，从周一到周末，再到周一周末，周而复始，从不觉得疲倦。我想说，我很喜欢被你们喜欢，因为被需要是一件很幸福的事。

我们班有“嗓门大姐”，性格豪爽，我喜欢；我们班有“搞笑大王”，搞笑古怪，我疼爱；我们班有“乖巧学霸”，聪明伶俐，我偏爱；我们班还有很多平凡而又不普通的个体，我们都一样，一个脑袋一张嘴，一双胳膊一双腿，尽力用自己的行动去坚持梦想。

嘿嘿，说着说着，我就哭了。因为，我也是一个很依赖别人的人，羡慕你们，可以依赖我，而我，也想有个可以一直依赖的人，能够看懂自己的逞强与倔强。从此，永远被宠成幸福的模样。

我想把最美好的祝福送给你们，不能陪你们毕业，但是会在远方一直看你们长大。我想把最美好的自己展现给你们，让你们在成长的过程中，有一段不曾有过的经历。好好加油，我等你们!

程姣姣